ORPHANIS,

TRAGÉDIE,

EN CINQ ACTES ET EN VERS,

Représentée, pour la première fois, sur le Théâtre des Thuileries, par les Comédiens français, le samedi 25 Septembre 1773.

PAR BLINDESAINMORE.

NOUVELLE ÉDITION, REVUE, CORRIGÉE, et conforme aux deux dernières représentations.

Prix : 1 franc 50 cent.

A PARIS,

Chez
{
L'AUTEUR, rue des Francs-Bourgeois Saint-Michel, N° 133.

BERNARD, Libraire, quai des Grands-Augustins, au coin de la rue Gît-le-Cœur, maison du Notaire.

AN VIII DE LA RÉPUBLIQUE FRANÇAISE.

Jᴇ ne dirai point aux Contrefacteurs que je mets cette Édition sous la sauve-garde de la loyauté française, ni qu'ayant tout perdu par le malheur des tems, elle est pour moi une ressource. De pareilles considérations ne sont guères propres à arrêter l'avidité des brigands qui foulent aux pieds les droits les plus sacrés de la propriété ; mais je leur dirai que je suis décidé à poursuivre pardevant les tribunaux, suivant la rigueur des lois, les auteurs, distributeurs, etc. de toute espèce de contrefaçons de cette Tragédie, et que je regarderai comme contrefait tout exemplaire qui ne portera pas la signature ci-dessous, qui est la mienne.

PRÉFACE.

Je ne dissimulerai point que la lecture de *Barnevelt ou le Marchand de Londres*, m'a fait naître l'idée de cette Tragédie. Cependant la seule ressemblance qui se trouve entre la pièce anglaise et la mienne, c'est qu'une femme artificieuse abuse de sa beauté pour conduire au crime un jeune homme simple et passionné ; mais les personnages, le lieu de la scène, l'intrigue, le nœud, le dénouement, l'action, la conduite, les moyens sont absolument différens dans les deux ouvrages.

Dans le Drame de Barnevelt, la plupart des règles sont violées. L'unité de lieu y est si peu observée, que dans le même acte la scène se passe dans la maison de Sorogoud, dans celle de Milvoud et dans un village voisin de Londres. L'unité de tems et l'unité d'action n'y sont pas mieux respectées. Les deux derniers actes, quoiqu'ils renferment de grandes beautés de détail, forment une action séparée, une autre pièce. D'ailleurs, est-il bien vraisemblable que la plus vile créature, dans la même journée qu'elle a fait connaissance avec un jeune homme honnête et vertueux, quelque novice qu'on le suppose,

parvienne à le subjuguer au point de lui faire
voler son maître et assassiner son bienfaiteur ?
Mais ce qui doit révolter davantage, c'est le développement du caractère de cette misérable
Milvoud. C'est peu d'inviter son amant, sur le
théâtre, *à venir éprouver avec elle que le ciel et la
terre n'ont rien d'égal aux plaisirs de l'amour* ; c'est
peu d'exiger du jeune Barnevelt la mort de son
oncle, uniquement pour lui dérober une modi-
que somme ; lorsque ce malheureux revient tout
couvert du sang qu'il vient de répandre, lorsqu'il
témoigne ses regrets et son repentir, elle lui
demande encore avec avidité l'argent et les trésors
dont il a dû s'emparer ; elle traite ses remords de
pusillanimité ridicule ; elle ose même le dénoncer
à la justice et insulter à sa faiblesse jusqu'au milieu
du supplice et des tortures. Certainement un
pareil caractère exposé sur la scène française,
quelqu'adresse qu'on pût y mettre, ferait fuir
d'horreur et d'indignation tous les spectateurs.
Tel est néanmoins ce Drame si célèbre qui ne
cesse d'attirer au théâtre de Londres une multitude prodigieuse ! Il faut l'avouer : malgré les
fautes de toute espèce dont cette pièce fourmille,
peu d'ouvrages dramatiques offrent une moralité

plus frappante, des situations plus terribles et plus pathétiques, des tableaux plus énergiques et plus vrais (*). Les Tragédies des Anglais ressemblent assez à ces liqueurs fortes dont ils font fréquemment usage, et auxquelles notre délicatesse ne saurait s'accoutumer. Ainsi, pour me conformer à notre goût, j'ai été forcé de prendre une autre route ; j'ai ennobli les caractères ; j'ai changé l'action ; j'ai surtout tâché d'en sauver l'invraisemblance et l'atrocité. J'ai retranché les personnages accessoires et superflus ; et par ce moyen, je me suis imposé la nécessité de remplir cinq actes avec trois acteurs. En un mot, autant que la faiblesse de mes talens a pu seconder mes intentions, je n'ai conservé du sujet que ce qui pouvait intéresser et émouvoir des spectateurs français. Je me suis surtout efforcé de ne rien perdre du but moral qu'il présente. On ne saurait disconvenir que ma pièce ne soit beaucoup plus régulière que celle de Lillo. Heureux, si en évitant

---

(*) On sait que Voltaire, dans le quatrième acte de sa sublime Tragédie de Mahomet, a transporté sur notre théâtre la principale catastrophe du Drame de Barnevelt. On ne peut aussi se dissimuler que, malgré tout l'art que ce célèbre Écrivain a employé à nous présenter ce tableau effrayant, les spectateurs éprouvent je ne sais quel sentiment pénible qui approche de l'horreur.

les imperfections de l'ouvrage anglais , j'ai pu
faire passer dans le mien une partie de ses beautés ,
et suppléer à celles dont le plan que je me suis
tracé ne m'a pas permis de profiter ! Si le Public
m'a encouragé par quelques marques de satisfac-
tion , j'en suis redevable sans doute au desir que
j'ai montré de ramener sur la scène cette simpli-
cité si précieuse aux anciens , cette imitation de
la nature qui fait sortir les situations du choc des
passions et du contraste des caractères , cette
terreur et ce pathétique qui feront toujours l'ame
de la tragédie et le plaisir des spectateurs.

Après la crise orageuse de la représentation ,
l'instant le plus redoutable pour un auteur, est
celui où il soumet son ouvrage à l'épreuve de la
lecture ; où ses héros se présentent au tribunal
d'un juge froid et sévère , dépouillés de la pompe
et de l'illusion du théâtre , sans être soutenus par
la magie d'acteurs pleins d'ame et d'intelligence.
Le spectateur attendri par des situations intéres-
santes , ébloui par des caractères imposans , et
entraîné par la chaleur d'un jeu pittoresque, peut
prodiguer des applaudissemens ; mais cette versification harmonieuse, noble, facile et naturelle;
ce style pur et correct ; ce coloris toujours vrai,

tantôt fier et majestueux, tantôt doux et flatteur ; cette éloquence qui vient du cœur et que les efforts du bel esprit ne peuvent imiter ; ce charme entraînant qu'on ne peut définir : voilà ce que le lecteur exige ; voilà ce qui distingue de la foule un écrivain, et fait triompher son ouvrage de la mauvaise foi des critiques, des chicanes minutieuses de l'envie, du manége adroit des cabales et des dédains affectés de la médiocrité. Je n'ai sans doute que le faible avantage de connaître les difficultés d'un art que j'idolâtre et auquel j'ai consacré ma vie et mes études. Je ne me flatte point de les avoir surmontées toutes ; et, quoique j'aye travaillé cette dernière édition avec tout le soin dont je suis capable, je suis bien éloigné de croire cet essai à l'abri d'une juste critique. Ce n'est donc qu'en tremblant que je rentre dans une carrière où il est tant de juges et si peu de connaisseurs.

Quoi qu'il en soit, l'accueil remarquable dont le Public a constamment honoré cette Tragédie, soit à la lecture, soit aux diverses représentations qu'on en a données à Paris et dans les Provinces, me fait espérer qu'il verra encore avec le même intérêt que dans la nouveauté mes premiers efforts dans une carrière épineuse que les plus grands hommes n'ont pas toujours commencée avec éclat. Les éloges qui m'ont été adressés de tous côtés, et l'honneur qu'on a fait à cet ouvrage de le traduire en plusieurs langues, doivent me faire oublier quelques dénigremens passagers qui sont presque toujours le cortége de la gloire et des succès. On sait depuis long-tems que la mauvaise humeur de certains Aristarques se mesure sur la faveur plus ou moins grande du Public, et que le moyen le plus infaillible de déplaire à ceux-là est d'avoir plu à celui-ci.

En conséquence, je ne parlerai pas de la seule critique qu'on s'est permise contre ce début. Je ne dois pas m'en ressouvenir plus que le Public et peut-être l'auteur. Si elle a fait tort à quelqu'un, ce n'est surement ni à ma personne ni à mon ouvrage. Je n'ai qu'un seul regret, c'est que parmi les observations que le critique a prodiguées, (et il avait un champ assez vaste pour en faire de justes), il ne lui en ait pas échappé, l'amour-propre d'auteur à part, une seule que j'aye pu mettre à profit. Si j'ai fait quelques changemens à ma pièce, ce n'est assurément pas le critique qui me les a indiqués. Cependant je

ne cacherai point que dans le tems j'ai été dou-
loureusement affecté, ne fût-ce que pour l'honneur des lettres, d'avoir été traité avec si peu de
modération et de bonne foi par un écrivain qui
courait la même carrière, qui depuis s'est essayé
sur le même sujet, et envers lequel je me trouvais
parfaitement irréprochable. Je me persuade que
si l'auteur de cette diatribe s'avisait de la relire
aujourd'hui, il serait aussi honteux qu'étonné
d'avoir pu la produire. Ce qui est certain, c'est
que les persécutions qu'il a éprouvées suffiraient
pour éteindre en moi toute espèce de ressenti-
ment, si j'avais eu le malheur d'en conserver
contre lui.

Je ne me plaindrai pas non plus des éditions
subreptices qu'on a faites de cette Tragédie. On
a ajouté à mes fautes des bévues si grossières,
que le lecteur le moins clairvoyant ne peut les
confondre avec cette édition, qui est la seule que
j'avoue. Il me suffira de dire que dans une de ces
éditions on a supprimé, dans le dialogue, le
nom des interlocuteurs, et que par ce moyen le
même personnage répond à ce qu'il dit.

Je ne finirai point cette Préface sans consigner
ma reconnaissance pour les Acteurs qui ont joué

Orphanis dans la nouveauté. Il faudrait les avoir vus pour connaître tout l'effet que cette pièce peut produire. Je sens tout ce qu'elle doit perdre sans la dignité et la sensibilité de BRISARD dans le rôle de Sésostris ; sans la fermeté, la souplesse et l'énergie de Mlle RAUCOURT dans celui d'*Orphanis*, et sans la passion, la chaleur et les grâces de MOLÉ dans celui d'Arcès. C'était une rivalité à qui montrerait le plus d'intelligence et de perfection dans son jeu. J'observerai que les pièces simples dont l'intérêt consiste dans le développement des passions et des caractères, exigent plus d'ensemble, plus d'accord, plus d'unité dans le jeu des Acteurs, que ces Drames pleins de catastrophes bruyantes, de coups de théâtre entassés, de changemens fréquens de décoration, et de tout ce qui ne peut que frapper les yeux de la multitude. *Athalie*, le chef-d'œuvre de la scène tragique, est sans contredit plus difficile à jouer que *Zelmire*.

ÉPÎTRE

A MLLE RAUCOURT,

ACTRICE DE LA COMÉDIE FRANÇAISE,

Sur le Rôle d'ORPHANIS.

———

Toi que l'amour orna de tant de charmes
Pour exprimer ses feux et ses douleurs,
Qui de Didon retraçant les alarmes,
Si tendrement nous fis verser des pleurs;
BELLE RAUCOURT, comment si jeune encore, (1)
Peux-tu si bien dévoiler à nos yeux
Ces grands ressorts d'un cœur ambitieux,
Que j'osai prendre et que ton cœur ignore?
Ainsi qu'Arcès, le spectateur séduit,
Se sent pressé du pouvoir qui l'opprime,
Et ta beauté fait excuser le crime
Où par degrés Orphanis le conduit.

———

(1) On peut se rappeler que cette Actrice n'avait que seize ans lorsqu'elle débuta au théâtre Français, avec un succès prodigieux. Ce fut alors que je lui proposai le rôle d'Orphanis. Elle l'accepta avec beaucoup de grâce, et le fit valoir avec toutes les séductions du talent, de la jeunesse et de la beauté. Orphanis a été le premier rôle, qu'immédiatement après son début, elle ait joué dans une pièce nouvelle, et j'ai cru devoir dans le tems lui adresser cette épître.

O vous, témoins de sa gloire nouvelle,
Sur ce portrait que son jeu rend fidèle,
Gardez-vous bien de jamais la juger.
Qui la connaît, chaque jour voit en elle
Un cœur sensible au plaisir d'obliger;
Il voit les soins, la franchise, le zèle,
Mériter tout et ne rien exiger.
Et cependant comme elle a su nous rendre
Ce fier orgueil qui veut tout asservir;
Ce tour adroit que la beauté sait prendre
Pour engager l'amour à la servir!

    Sexe enchanteur, quel est donc votre empire?
Dans l'Univers tout tombe à vos genoux.
Avec un mot, un regard, un sourire,
A votre gré vous disposez de nous.
En cent moyens votre adresse fertile,
Sait à vos goûts tôt ou tard nous plier.
Pour résister la force est inutile;
Prince ou Sujet, Philosophe ou Guerrier,
Vous domptez tout; et notre cœur fragile
Est sous vos lois ce qu'est la molle argile
Entre les mains d'un habile ouvrier.
Au bien, au mal, voulez-vous nous conduire?
Nous devenons vertueux ou méchans;
Vers le bonheur dirigez nos penchans,
Et ce sera doublement nous séduire.
Ah! si jamais, loin du but emporté,
D'un fol écart mon cœur était capable.
Je me connais : ce serait la beauté,
Sexe charmant, qui me rendrait coupable.

Peut-être un jour, avec des traits plus doux, (2)
De vos vertus je peindrai la puissance ;
Je vanterai la candeur, l'innocence,
Et les trésors que le ciel mit en vous.
Mais en offrant cette trompeuse adresse,
Qui dans l'erreur fait tomber la jeunesse,
Il fallait plaire, et pour y réussir,
J'ai pris RAUCOURT ; pouvais-je mieux choisir ?
Où rencontrer un objet qui rassemble
Plus de talens, plus de grâce et d'attraits ?
Qui du tableau dont j'esquissai les traits,
Eût mieux orné les détails et l'ensemble ?
En qui trouver un accent plus flatteur,
Un port plus noble, et ce présent si rare,
Cet art profond, ce charme séducteur
Qui nous ravit lors même qu'il égare ?

PÊTRI de fiel, d'amour propre gonflé,
Pour art suprême ayant celui de mordre,
Maint détracteur, qui se plait au désordre,
De ce triomphe est un peu désolé.
A vingt sifflets, appostés par son ordre,
Il croyait bien voir mon drame immolé.
Mais tu parais, et bientôt la cabale,
Voyant de toi chacun émerveillé,

---

(2) L'Auteur a exécuté ce projet, en composant la Tragédie d'*Isimberge*, qu'il avait alors commencée, et qui a été reçue au Théâtre Français en 1786. *Isimberge* est, pour ainsi dire, l'inverse d'*Orphanis*. Dans celle-ci une femme adroite et perfide abuse de sa beauté pour conduire son amant au crime. Dans celle-là, une femme jeune et belle, fait par sa douceur, sa tendresse et sa vertu, revenir à elle un époux égaré.

Change en suffrage une ligue fatale,
Et toute en pleurs, bat des mains à MOLÉ. (3)

TA voix sonore, en récitant mes vers,
A du critique enchanté les oreilles.
Jadis, dit-on, par des grâces pareilles,
L'heureux Orphée attendrit les enfers.
Quand du Théâtre, illustre souveraine,
De tes accents tu le fais retentir,
A tous les cœurs tu commandes en reine.
Jamais Ulysse, adorable Sirène,
De tes filets n'eût pu se garantir.
Par toi le faux prend de la vraisemblance.
L'ame est plus tendre et le plaisir plus grand.
Ton œil, ton geste et même ton silence, (4)
Tout parle en toi, tout attache et surprend.

---

(3) On ne peut se faire une idée de la chaleur, de la grâce et de l'intérêt que Molé a répandus dans le rôle d'Arcès, et surtout de son abandon sublime au cinquième acte. Il fallait le voir les cheveux épars, jetant son poignard, tomber aux pieds de Sésostris, et le cœur abymé de douleur, avouer son crime, pleurer sa faiblesse avec amertume, exprimer son repentir d'une voix étouffée par les sanglots, détester son erreur et solliciter le supplice. C'est dans ce désordre si éloquent, si vrai, qu'il a fait couler des ruisseaux de larmes de tous les yeux. Jamais on n'a été plus touchant, plus pathétique. Une autre époque où cet Acteur a fait passer dans tous les cœurs les plus déchirantes émotions de la nature, avec une supériorité dont je n'ai encore vu personne approcher, c'est dans le rôle de M. Thomas, au troisième acte de l'*Orphelin anglais*. Ses talens rares, son zèle infatigable et ses procédés honnêtes, le rendent également cher aux spectateurs et aux gens de lettres. Il est triste que de misérables tracasseries lui aient fait abandonner la déclamation tragique où il excellait si bien.

(4) De tous les talens de cette Actrice, il en est un qu'on n'a peut-être pas assez remarqué. Je veux parler de son jeu muet. Jamais Acteur ni

VOUS, qui du goût entraînez le suffrage ;
Vous qu'il revoit toujours avec transport,
Dont l'art divin a sauvé du naufrage
Ma frêle barque, et l'a conduite au port,
MOLÉ, RAUCOURT, couple sublime et tendre,
Je vous dois tout. Ah ! sans vous désormais
A des succès je n'oserais prétendre.
Couple charmant, ne me quittez jamais.

POURSUIS, RAUCOURT, ta carrière immortelle.
Joins des lauriers aux fleurs de ton printems,
Quand Melpomène à son trône t'appelle,
L'Amour voudrait lui ravir tes instans ;
Je n'ose entr'eux décider la querelle ;
Mais partager la gloire où tu prétends,
Voilà mon sort ; et j'ai l'orgueil de croire
Qu'ayant chanté tes succès éclatans,
Nos noms unis pourront dans la mémoire
Vaincre l'envie et triompher du tems.

Actrice n'en a eu un plus actif, plus expressif. Elle est toujours à la
scène, et ce mérite qu'elle a annoncé dès ses premiers pas dans la carrière,
n'a fait que se perfectionner de plus en plus.

J'ajouterai, que pour soutenir la gloire de la déclamation tragique,
mademoiselle Raucourt n'avait rien épargné pour réunir les talens les
plus distingués, dans une salle dont elle avait fait l'acquisition ; que la
même intrigue qui les avait dispersés, fait emprisonner, etc., est parvenue
à faire fermer son théâtre sous les prétextes les plus frivoles, et que
pour prix de son zèle et de ses sacrifices, elle n'a recueilli que des
persécutions, des injures et la perte d'avances considérables.

PERSONNAGES.

SÉSOSTRIS, Roi d'Égypte.

ARCÈS, neveu de SÉSOSTRIS et héritier de la couronne.

ORPHANIS, veuve Tyrienne.

IDAMAS, Ambassadeur d'IDOMÉNÉE, roi de Crète.

ISSA, confidente d'ORPHANIS.

AZOR, Officier de l'armée Égyptienne.

HIDASPE, Officier du palais de SÉSOSTRIS.

GARDES.

SOLDATS.

La Scène est à Thèbes, en Égypte, dans le Palais de SÉSOSTRIS.

ORPHANIS,
TRAGÉDIE,
EN CINQ ACTES ET EN VERS.

ACTE PREMIER.

SCÈNE PREMIÈRE.

ORPHANIS, ISSA.

ISSA.

Hé quoi ! belle Orphanis, Thèbe au repos livrée,
Des premiers feux du jour est à peine éclairée ;
Tout dort dans ce Palais, et vos yeux sont ouverts !
Arcès a-t-il en Crète essuyé des revers ?
Ce Prince est-il vaincu ?

ORPHANIS.

Chère Issa, je l'ignore.
Arcès après vingt jours ne paraît pas encore.
J'espère...... je crains tout. Oui, la mer en fureur
N'est qu'un faible tableau du trouble de mon cœur ;
Et tu veux, en ces maux, tu veux que je repose !

ISSA.

Sans doute les dangers où sa valeur l'expose,
Son absence, un combat dont le sort est douteux,
Vous font craindre à la fois pour ses jours et vos feux ;

Mais loin de vous former une image cruelle,
Songez au sort brillant où l'amour vous appelle.
Tout vous rit : le destin ne présente à vos vœux
Que l'aspect séduisant d'un avenir heureux.
Sésostris vous chérit et vous tient lieu de père.
Arcès, en qui le Roi voit le fils de son frère,
Au rang de Sésostris ne veut monter un jour
Que dans l'espoir d'offrir un trône à votre amour.
Et quand il vit pour vous et vous garde un cœur tendre,
Quel bien plus fortuné pouvez-vous en attendre ?

ORPHANIS.

S'il triomphe, le trône ; et s'il périt, la mort.
Sa chûte ou son succès va décider mon sort.

ISSA.

Puisqu'il combat pour vous espérez la victoire.
Bientôt, n'en doutez pas, Arcès couvert de gloire,
Des perfides Crétois heureux triomphateur,
Viendra mettre à vos pieds le prix de sa valeur.

ORPHANIS.

Eh ! que ne vient-il donc lui-même me l'apprendre !
Qu'à mon empressement il tarde de se rendre !
Je languis, je succombe . . . . .

ISSA.

                              Ah ! qu'il serait heureux
S'il voyait le retour dont vous payez ses feux !

ORPHANIS.

Eh quoi ! tu peux penser qu'une folle tendresse
Tyrannise mon ame et m'occupe sans cesse ?
L'amour est pour le faible, et sa triste langueur
Cède au penchant plus fier qui règne dans mon cœur.

ISSA.

Pardonnez , je croyais qu'à l'amour asservie ,
Vous aviez à ses lois consacré votre vie ;
Je croyais qu'un amant......

ORPHANIS.

Je vais te révéler
Des secrets qu'à ta foi je ne puis plus céler :
Apprends à me connaître ; enfin , mon ame altière
A tes yeux étonnés va s'ouvrir toute entière.
Tu sais que Sésostris , pour terme à ses exploits ,
Prétendit asservir mon pays à ses lois.
Issa , tu te souviens de l'affreuse journée
Où Tyr au fer cruel se vit abandonnée.
Tout périt : le vainqueur fit tomber sous ses coups
Mes deux fils au berceau , mon père et mon époux.
Moi-même au sein des morts , faible , pâle et mourante ,
J'allais suivre au tombeau ma famille expirante.
Le Roi , que ma jeunesse alors semble toucher ,
Des mains de ses soldats vient soudain m'arracher ;
Il prend soin de mes jours , et sa bonté facile
M'amène en ce palais et m'y donne un asyle.
Voilà ce que tu sais ; mais tu ne peux savoir
Quels sont mes sentimens et quel est mon espoir.
Te le dirai-je , Issa ? Près du trône amenée ,
La pompe de ces lieux ne m'a point étonnée.
Je ne me trouvai point étrangère à la cour.
Mais dès que j'approchai de ce fatal séjour ,
La soif du rang suprême , ainsi qu'un trait de flamme ,
Vint saisir , vint brûler , vint dévorer mon ame.

Dans tous ces courtisans je crus voir mes sujets.
Bientôt l'amour d'Arcés seconda mes projets.
Ce Prince entrait alors dans l'âge où l'ame ardente
De ses premiers penchans suit la fougue imprudente.
Je sus en profiter ; et ces faibles attraits,
Favorisant l'orgueil de mes desseins secrets,
Arcès brûla pour moi. Tout plein de son ivresse,
Il venait chaque jour m'exalter sa tendresse,
Et par mon artifice était, en me quittant,
Toujours plus amoureux, et toujours mécontent.
Enfin, pour assurer ma fortune incertaine,
J'exigeai des sermens qu'il prodigua sans peine.
Il me promit sa main. Ainsi je puis compter
Que cet hymen au trône un jour me fait monter.
Oui, si j'en crois, Issa, le transport qui m'inspire,
Il me semble déjà, maîtresse de l'Empire,
Tenir entre mes mains le sceptre redouté,
Et déjà de ce rang j'ai toute la fierté.

I S S A.

Pouvez-vous présumer que Sésostris ignore
Le penchant que pour vous ?....

O R P H A N I S.

Il ne sait rien encore.

Aux regards curieux de ce peuple indiscret
Ma prudence avec soin sut cacher mon secret.
Nos feux se nourrissaient dans la nuit du mystère.
Mon amant m'adorait et je savais lui plaire.
Nous attendions en paix un moment plus heureux
Quand un sort imprévu vint l'offrir à nos vœux.

On apprend que du Roi la Crète tributaire
Ose lui refuser le subside ordinaire.
Arcès, qui voit alors l'instant de nous unir,
Obtient de Sésostris l'honneur de la punir.
Il part : il va combattre, et c'est cette journée
Qui doit de notre hymen régler la destinée.
S'il revient triomphant, bientôt aux pieds du Roi,
Pour prix de sa victoire, il demande ma foi.
Peut-être on t'a parlé de cet antique usage
Que des Rois dans l'Egypte établit le plus sage.
Le tyran le plus fier y fut toujours soumis.
Quand la première fois domptant les ennemis
Un Prince désigné pour succéder au trône
A par de grands exploits, affermi la Couronne,
Le Roi, sans résistance, est forcé d'accorder
Tout ce que le Vainqueur ose lui demander.
Mais malgré cette loi mon ame déchirée,
A la crainte, à l'espoir tour à tour est livrée.
Je touche enfin au jour si funeste, ou si beau,
Qui m'élève à l'Empire ou me plonge au tombeau.

I S S A.

Ainsi dans les langueurs d'une éternelle attente
Je vous verrai sans cesse incertaine et flottante.
Ainsi du jeune Arcès oubliant les bienfaits
Vous voulez l'épouser et ne l'aimer jamais.
Ah ! ce Prince pour vous si généreux, si tendre
A des transports plus doux avait lieu de s'attendre.

O R P H A N I S.

Mes yeux sur ses vertus ne peuvent se fermer.
Je l'aimerais, Issa, si je pouvais aimer.

Veux-tu que dans l'erreur d'un penchant si funeste,
J'aille de mes beaux jours perdre le faible reste ?
Le Ciel, en me formant, le Ciel mit dans mon cœur,
Pour toute passion la soif de la grandeur.
Sexe barbare et vain, quelle est ton injustice !
Faut-il qu'ainsi sur nous ton joug s'apésantisse ?
Le sort, pour nous injuste, a-t-il pu n'accorder
Qu'à nos cruels tyrans l'honneur de commander ?
De quel droit leur orgeuil ose-t-il nous réduire
Au frivole talent de plaire et de séduire ?
Et ne pouvons-nous pas, sur le trône comme eux,
Gouverner un Empire et rendre un peuple heureux ?

I S S A.

J'admire vos projets et vois avec surprise
La vaste ambition dont votre ame est éprise.
Mais combien de revers vous faut-il dévorer ?
Du suffrage du Roi qui peut vous assurer ?
J'avouerai que pour vous il est moins roi que père,
Qu'à son cœur chaque jour vous devenez plus chère :
Je suppose qu'enfin sa tendresse pour vous
Consente à vous donner son neveu pour époux :
Les Grands, sans murmurer, verront-ils qu'on préfère
Aux filles de leur sang une femme étrangère ?

O R P H A N I S.

J'ai prévu les dangers que tu crains aujourd'hui.
Je puis tout sur Arcès, et voilà mon appui.
   Je ne me cache point, comme tu crois peut-être,
L'obscurité du rang où les Dieux m'ont fait naître.
Oui, je sais que du Ciel l'impitoyable loi
Mit un espace immense entre le trône et moi ;

Qu'à quelque sort brillant où je pusse m'attendre,
Jamais à tant d'honneurs je n'aurais pu prétendre.
Mais aussi conçois-tu le triomphe flatteur
D'avoir d'un si beau rang pu franchir la hauteur ?
Chère Issa, quelle gloire et quel plaisir extrême
De ne devoir sur-tout ma grandeur qu'à moi-même,
Et sur le trône assise, un sceptre dans mes mains,
De voir ramper sous moi la foule des humains !
Voilà ce qui me flatte et ce qui me tourmente.
Ma soif pour les grandeurs à chaque instant s'augmente.
Tous mes vœux, tous mes pas ne tendent qu'à régner ;
Malheur à qui du trône osera m'éloigner !
Que Sésostris me soit favorable ou contraire,
Rien de ce grand dessein ne pourra me distraire.
Oui, je braverai tout, Roi, Prince, Amis, Sujets :
Je veux forcer le sort à remplir mes projets.
Quand j'observe en secret ces chef-d'œuvres antiques,
Ces vastes monumens, ces immenses portiques ;
Cette foule de Rois, à la honte endurcis,
Traînant le char superbe où leur maître est assis ;
Tant d'hommes sous un seul fléchissant en silence,
Mon ame, à ces objets, s'agrandit et s'élance ;
Et dans le noble orgueil dont mon cœur est épris,
Je ne veux que régner : il n'importe à quel prix.

I S S A.

Qu'entends-je ? dans ces lieux quelqu'un vient nous surprendre.
On ouvre. C'est Azor.

O R P H A N I S.
Ciel ! que vient-il m'apprendre ?

SCÈNE II.

ORPHANIS, ISSA, AZOR.

ORPHANIS.

Quoi! c'est vous, cher Azor! vous qui chez les Crétois
Avez suivi l'amant dont mon cœur a fait choix!
Que votre aspect sans lui m'étonne et m'inquiète!
Venez-vous m'annoncer sa mort ou sa défaite?

AZOR.

Madame, aux coups du sort il faut vous préparer.

ORPHANIS.

Quel effroi de mes sens vient soudain s'emparer!

AZOR.

Le Ciel n'a point voulu favoriser nos armes.

ORPHANIS.

Hélas! c'en est donc fait: ô mortelles alarmes!
N'est-il plus d'espérance? ah! daignez, cher Azor,
Me confirmer les maux dont mon cœur doute encor.

AZOR.

Après avoir long-tems combattu la tempête,
Enfin du mont Ida nous découvrons le faîte.
On aborde, on descend, et les Crétois surpris
Poussent en nous voyant de formidables cris.
Chacun range les siens, et s'apprête au carnage;
Le signal est donné: déjà tout le rivage
N'est qu'un vaste théâtre où règne la terreur;
L'un et l'autre parti s'avance avec fureur.

Aux efforts des Crétois nos bataillons répondent;
On se heurte, on se mêle, et les rangs se confondent.
Nous nous réunissons: nous redoublons nos coups,
Le sort, long-tems douteux, semble pencher pour nous:
Mais, ô revers funeste! ô disgrâce cruelle!
Tout-à-coup, d'ennemis une troupe nouvelle
Vient au milieu de nous fondre de tous côtés.
Nous abandonnons tout: surpris, épouvantés,
Nous fuyons. Les Crétois que ce renfort excite,
En nous enveloppant s'opposent à notre fuite.

ORPHANIS.

Eh ! Que devient Arcès? qu'il vive, c'est assez!

AZOR.

Arcès, qui voit au loin nos soldats dispersés,
Quelque tems incertain garde un morne silence.
Au même instant vers moi je le vois qui s'avance :
« Quitte aussi-tôt le camp, vole aux rives du Nil,
» Va trouver Orphanis, cher Azor, me dit-il ;
» Dis-lui qu'à nos projets la fortune rebelle
» A trahi sans pitié sa tendresse et mon zèle ;
» Dis-lui qu'enfin je vais, par un dernier effort,
» Défier en ces lieux la victoire ou la mort. »
Il dit: et tout-à-coup ranimant sa vaillance,
Au milieu des Crétois, furieux il s'élance ;
Il court, il vole, il frappe, il fond à coups pressés ;
Ceux que son bras poursuit tombent morts ou blessés.
Ah! si vous aviez vu ce héros intrépide,
L'éclair est moins brillant, la foudre est moins rapide.
Pour le suivre aussi-tôt j'ai vainement couru ;
Dans la foule à mes yeux ce Prince a disparu.

O R P H A N I S.

Ah! Prince, en quel péril l'amour te précipite!

A Z O R.

Enfin, prompt à rémplir la loi qu'il m'a prescrite,
Je pars: soudain les vents et les flots en courroux,
Aux rives de Gaulos nous jettent malgré nous.
Nous y restons dix jours; depuis ce tems j'ignore
Si le Prince est défait, ou s'il respire encore.

O R P H A N I S.

C'est donc là ce bonheur si brillant, si certain,
Qu'à mon crédule espoir présentait le destin!
Dans quel gouffre profond suis-je précipitée!
Ton zèle, chère Issa, m'avait trop tôt flattée.

A Z O R.

Deux vaisseaux, que j'ai vu voguer non loin du port,
Vont sans doute bien-tôt vous confirmer son sort.

O R P H A N I S.

(A Azor qui s'en va.)

O Ciel! quel coup de foudre!…Il suffit qu'on nous laisse.

S C È N E I I I.

O R P H A N I S, I S S A.

O R P H A N I S.

GRANDS DIEUX! vous vous jouez de ma triste faiblesse!
Le sort m'offrait le trône, et prête d'y monter,
D'un seul coup pour jamais il vient m'en écarter.

A ces cruels revers la fortune est sujette,
Sa main au même instant nous flatte et nous rejette.
Si le **Prince** n'est plus, tout est fini pour moi.

ISSA.

Que dites-vous, Madame? et quel est votre effroi?
Ainsi donc du malheur la plus faible apparence
Peut en vous sans retour détruire l'espérance.
Le coup que vous craignez est encore incertain.
Arcès, me dites-vous, a fini son destin:
Comment de son trépas êtes-vous informée?
Par qui cette nouvelle est-elle confirmée?
Azor dit ce qu'il craint, et non ce qu'il a vu.
Qui sait même, qui sait si ce Prince est vaincu?
Loin de presser ces nœuds, vous devriez les craindre.
Sésostris vit encore; il pourrait vous contraindre.
Ce Roi, vous le savez, touche à ses derniers jours,
La Parque à chaque instant peut en trancher le cours,
Alors votre état change, et tout obstacle cesse;
Arcès en liberté se livre à sa tendresse;
Il monte au trône : et vous, fière d'un tel appui,
Vous l'épousez, Madame, et régnez avec lui.

ORPHANIS.

Pourrai-je supporter cet éternel orage?
Qu'une attente si longue affaiblit mon courage !
Heureux, qui peu séduit d'un dangereux honneur,
Des caprices du sort n'attend pas son bonheur !
Arcès ne revient point... et mon incertitude,
Me fait de mon espoir le tourment le plus rude.

Crois-tu que de périls par-tout enveloppé,
A la mort qu'il cherchait ce Prince ait échappé?
Il n'est plus.... tout accroît ma douleur et mon trouble.
(On entend un grand bruit.)
Mais qu'entends-je? Grands Dieux! quel tumulte!...il redouble.
La crainte et l'espérance agitent mes esprits.
Ah! si c'était Arcès que m'annoncent ces cris.
On vient... Ciel! quel objet se présente à ma vue!

SCÈNE IV.

ARCÈS, ORPHANIS, ISSA, SOLDATS.

ARCÈS.

Nous triomphons, Madame, et la Crète est vaincue.

ORPHANIS.

Est-ce vous, cher Arcès? en croirai-je mes yeux?
Par quel événement vous revois-je en ces lieux?

ARCÈS.

O ma chère Orphanis, livrons-nous à la joie.
Partagez les transports où mon ame est en proie.
Je puis vous posséder: nous allons être unis;
Le ciel nous favorise et nos maux sont finis.

ORPHANIS.

Que j'ai craint pour vos jours! aveuglé d'un faux zèle,
Azor ne m'a donc fait qu'un récit infidèle?

ARCÈS.

Madame, il est bien vrai que nos soldats troublés,
Fuyaient ou périssaient par le nombre accablés.

Hélas! c'en était fait : affrontant la tempête,
Soudain je les rassemble et je vole à leur tête.
« C'est ici, mes amis, qu'il faut vaincre ou périr. »
Sur mes pas aussi-tôt je vois chacun courir.
Chacun ne connaît plus qu'un aveugle courage.
A travers mille morts chacun s'ouvre un passage.
Les Crétois, par les coups qu'ils n'avaient point prévus,
Sont dans le même instant attaqués et vaincus.
L'un meurt en combattant, et l'autre prend la fuite.
Ceux-ci de nos guerriers évitant la poursuite,
Vont se précipiter dans l'abyme des mers.
Le reste lâchement s'abandonne à nos fers.
Enfin, les miens suivant la fureur qui les guide,
Vers les murs de Phœnix volent d'un pas rapide.
Bientôt je les dévance. Aux pieds de ses remparts,
Phœnix voit en tremblant flotter nos étendards.
Je saisis ce moment : j'ordonne à mes cohortes,
D'assiéger cette ville et d'enfoncer ses portes.
On les ouvre... Indigné, je voulais les briser.
Animé d'un beau feu qu'il fallut maîtriser,
Je cède avec regret la palme qu'on m'enlève.
Mais un Hérault s'avance et demande une trève ;
J'y consens. Aussi-tôt nous suspendons nos coups ;
Le soldat valeureux en frémit de courroux.
J'appaise ce murmure, et ma main désarmée,
Aux soins du sage Arbate abandonne l'armée.
Je pars, et le destin me ramène à vos yeux.

ORPHANIS.

Je l'avais bien prévu ce succès glorieux.

L'Égypte l'espérait d'un aussi grand courage.
Ah ! cher Prince, la paix sera donc votre ouvrage ;
Et moi qui vous dois tout....

ARCÈS.

Orphanis, vantez moins
Un si faible avantage et de si faibles soins.
Je combattais pour vous, et vous devez bien croire
Que, quand l'amour inspire, on combat avec gloire.
Ce triomphe, il est vrai, doit enfler ma valeur ;
Mais j'en attends un prix bien plus cher à mon cœur.
Vous le savez, Madame, et si le Ciel seconde
L'espérance flatteuse où mon bonheur se fonde,
Il ne tardera pas à serrer un lien,
Qui doit joindre à jamais votre sort et le mien.
Je ne sais si pour nous la guerre est terminée ;
Mais un ambassadeur du sage Idoménée,
Chargé d'ordres secrets que je ne prévois pas,
A Thèbes doit bientôt arriver sur mes pas.
Dans votre appartement, Madame, allez-vous rendre ;
Et moi, pour notre amour prêt à tout entreprendre,
Je vais à Sésostris raconter le succès
Dont le Dieu de la guerre honora mes essais ;
Et, pour prix de mes soins, le presser de souscrire
A ces nœuds fortunés où ma tendresse aspire.
Heureux, cent fois heureux si j'ai pu dans un jour,
Servir en même tems mon Prince et mon amour !

FIN DU PREMIER ACTE.

ACTE II.

SCÈNE PREMIÈRE.

SÉSOSTRIS, ARCÈS, GARDES.

SÉSOSTRIS.

Embrassez-moi, mon fils. Désormais ma tendresse
Veut de ce nom si doux vous appeler sans cesse.
Ainsi vous triomphez, et vos heureux destins
Ont subjugué la Crète et puni des mutins.
Qu'il est satisfaisant pour mon amour extrême
De voir un défenseur dans un Prince que j'aime !
D'entendre chaque jour tout mon peuple à la fois
Applaudir vos vertus et confirmer mon choix !
Votre bras aujourd'hui nous venge l'un et l'autre :
En défendant mon bien vous défendez le vôtre.
Car enfin votre Roi ne peut plus se cacher
Que la mort de ce trône est prête à l'arracher,
C'en est fait ; j'ai vécu : soixante ans souveraines,
Ces mains vont de l'Empire abandonner les rènes ;
Et dans ma dernière heure il me sera bien doux
D'avoir pour successeur un héros tel que vous.

ARCÈS.

Seigneur, je n'ai rien fait que ce que j'ai dû faire.
Si, secondé du sort, mon zèle a pu vous plaire ;

Si jaloux en tout tems de marcher sur vos pas,
J'ai rencontré la gloire en cherchant le trépas ;
Si d'un père égaré j'efface enfin le crime......

SÉSOSTRIS.

N'en parlons plus, mon fils : sa mort fut légitime.
Le perfide Armaïs dans mes embrassemens
Égorgea sans pitié ma femme et mes enfans.
J'ai combattu le traître, et ma main sanguinaire
S'est plongée à regret dans le sein de mon frère.
Je l'aimais, et malgré ses lâches attentats,
Je n'ai pu refuser des pleurs à son trépas :
Les bienfaits que sur vous mes mains ont pu répandre
Ont peut-être suffi pour appaiser sa cendre.
Son fils de ses fureurs ne doit point hériter.
Si malgré ses complots j'ai pu vous adopter,
Ce choix vous prouve assez que ma juste colère
N'a jamais confondu le fils avec le père.

ARCÈS.

O mon Prince ! ô mon père ! oui, ce nom vous est dû,
Moins à tous vos bienfaits je me suis attendu
Et plus ils resteront gravés dans ma mémoire ;
C'est à les mériter que je borne ma gloire.
Mais puis-je me flatter que le grand Sésostris
Aux biens dont il me comble, ajoute un nouveau prix ?

SÉSOSTRIS.

Oui, je sais qu'en ces lieux une loi consacrée,
Par mes prédécesseurs en tout tems révérée,
Quand la première fois signalant son grand cœur,
L'héritier de l'Empire est déclaré vainqueur,

Me force d'accorder la grâce qu'il demande ;
Mais je n'ai pas besoin que la loi me commande.
Demandez tout, mon fils, et je vous le promets,
Parlez, qu'exigez-vous ?

A R C È S.

Mon père, ah ! si jamais......

S C È N E   I I.

SÉSOSTRIS, ARCÈS, HIDASPE.

H I D A S P E.

Du Prince des Crétois l'ambassadeur s'avance,
Seigneur, et sans témoins vous demande audience.

A R C È S.

O Ciel !

S É S O S T R I S.

(A Hidaspe qui sort.)   (A Arcès.)
Qu'il entre.......... Et vous, allez offrir aux Dieux
De vos premiers exploits le tribut glorieux,
Et revenez ensuite, assuré de me plaire,
De vos nobles travaux recevoir le salaire.
(Arcès sort, et les Gardes se retirent.)

SCÈNE III.

SÉSOSTRIS, IDAMAS.

IDAMAS.

Seigneur, un Roi puissant et de ses droits jaloux,
Daigne emprunter ma voix pour se plaindre de vous.
Il sait qu'à vous servir la gloire toujours prête,
A cent fois de lauriers couronné votre tête ;
Et que dans l'Univers, par vos armes dompté,
Au rang des plus grands Rois Sésostris est compté ;
Mais s'il admire en vous un courage intrépide,
Ne croyez pas du moins que, tremblant et timide,
A mendier la paix abaissant sa fierté,
Il puisse s'avilir par un lâche traité.
Vous savez ce qu'il est, et sa valeur peut-être
Devant les murs Troyens s'est assez fait connaître ;
Mais plaignant en secret cette aveugle chaleur
Qui fit de tant de Rois la honte ou le malheur,
Sa vertu, de Minos suivant la trace auguste,
Au nom de conquérant préféra d'être juste ;
Et par plus d'un exemple il fut trop bien instruit
Qu'en voulant s'agrandir, souvent on se détruit.
Vous nous avez vaincus. Le sort, qui vous couronne,
Peut un jour nous donner les faveurs qu'il vous donne.
Idoménée, enfin, vous demande aujourd'hui
Quel crime a pu, Seigneur, vous armer contre lui ?
Si de quelques mutins la révolte indiscrète
Refusa le tribut imposé sur la Crète,

Mon Roi vous fait savoir qu'il n'a point prétendu
Affranchir ses sujets du droit qui vous est dû ;
Et que, loin d'approuver ces trames criminelles,
Il offre entre vos mains de livrer les rébelles.
Après un tel aveu, c'est à vous de juger
Si vous deviez vous plaindre avant de vous venger.

SÉSOSTRIS.

Je plains Idoménée. Oui, si ce Roi si sage
M'avait instruit plutôt d'où partait cet orage,
Il ne m'aurait pas vu, plein d'un juste courroux,
Troubler l'heureuse paix qui régnait entre nous.
Je n'ai pas cru devoir, par un lâche silence,
D'un peuple audacieux enhardir l'insolence :
Cependant mon esprit, écartant tous soupçons,
Est éclairé par vous et cède à vos raisons.
Oui, puisqu'Idoménée en ce moment s'engage
A remettre en mes mains les auteurs de l'outrage,
Sa grandeur me désarme et plaît à ma fierté.
Croyez que, comme lui, je connais l'équité.
Plus il est généreux, plus il me force à l'être.
Ces rébelles sujets, je les rends à leur maître.
Ma clémence à lui seul veut les abandonner.
Il peut, tout à son choix, punir ou pardonner.
J'estime ses vertus, son amitié m'est chère.
Dans le fils de Minos je respecte le père ;
Et s'il daigne en ce jour souscrire à mes souhaits,
Il ne tiendra qu'à lui de nous donner la paix.

IDAMAS.

Il l'accepte, Seigneur, j'ose vous en répondre.
Qu'une vertu si rare a droit de me confondre !

Et des ambassadeurs que l'emploi serait doux,
S'ils n'avaient à parler qu'à des Rois tels que vous !
Ainsi donc à vos yeux bannissant le mystère,
Des secrets de mon maître heureux dépositaire,
Je puis vous informer, sans trahir sa fierté,
Du séduisant espoir dont son cœur s'est flatté.
Seigneur, si pour jamais votre grande ame oublie
Un trouble passager qui vous réconcilie,
Souffrez que de la paix, qui vous rejoint tous deux,
L'hymen auguste et saint resserre encor les nœuds.
Consentez qu'il unisse Arcès avec sa fille.
Sans vous vanter ici l'éclat dont elle brille,
Le sang de Jupiter peut sans orgueil, je crois,
Prétendre à s'allier au sang des plus grands Rois.

S É S O S T R I S.

Je consens qu'à jamais cet heureux hyménée.
Enchaîne Sésostris avec Idoménée.
Que ce nœud, Dieux puissans, soit un de vos bienfaits!

I D A M A S.

Ainsi vous arrêtez l'hymen avec la paix?

S É S O S T R I S.

J'en jure par les Dieux; recevez ma parole ;
Ma foi n'est point un gage inutile et frivole :
Vous pouvez y compter.

I D A M A S.

         Comptez aussi, Seigneur,
Que mon maître avec joie accepte un tel honneur.
Moi, pour accélérer un hymen si prospère,
Je vais en informer la princesse et son père.

SÉSOSTRIS.

Arcès vient... Sans témoins je vais lui déclarer
Le choix inattendu dont on veut l'honorer.

(Idamas sort.)

SCÈNE IV.

ARCÈS, SÉSOSTRIS.

SÉSOSTRIS.

CHER Prince, vos succès ont passé mon attente.
Quels honneurs, quels bienfaits, quelle grâce éclatante,
Peuvent récompenser des exploits si fameux ?
Né du sang des héros, vous triomphez comme eux.
L'Égypte vous doit tout : votre heureuse victoire,
Assure en même tems son repos et sa gloire.
Mon sceptre pour jamais est par vous affermi,
Et le Crétois dompté n'est plus notre ennemi.
Au bonheur de l'Égypte Arcès est nécessaire.
Pour payer vos bienfaits, parlez, que puis-je faire ?
Au trône avant ma mort faut-il vous élever ?
Ces états que si bien vous savez conserver,
Faut-il que Sésostris avec vous les partage ?

ARCÈS.

Je ne desire point un si grand avantage ;
Et si pour quelques vœux j'élève au Ciel ma voix,
C'est pour vous voir long-tems au trône où je vous vois.
Daignez m'instruire encor : mais puisqu'avec franchise,
Votre bonté, Seigneur, à parler m'autorise,

Il est un prix qu'Arcès ose attendre de vous ;
Pour moi de vos bienfaits ce sera le plus doux.

SÉSOSTRIS.

N'en doutez point, mon fils, s'il est en ma puissance,
Vous pouvez l'exiger de ma reconnaissance,
Quel est-il?

ARCÈS.

Ah ! mon cœur ressent tant de bonté.
Seigneur, vous connaissez cette jeune beauté ,
A qui vous tenez lieu de père et de famille,
Que déjà vos bienfaits font nommer votre fille.
Ses grâces, ses vertus, tous ses charmes puissans
Que vous-même admirez, ont subjugué mes sens.
Orphanis. . . .

SÉSOSTRIS.

Vous l'aimez !... Ciel! que viens-je d'entendre?

ARCÈS.

Hélas! de cet amour je n'ai pu me défendre.
Décidez de mon sort: c'est sa main qu'à genoux
Le vainqueur des Crétois ose attendre de vous.

SÉSOSTRIS.

Je ne vous dirai point que du trône éloignée ,
Pour régner sur l'Égypte Orphanis n'est point née ;
Mais je vous apprendrai qu'Idamas en ces lieux
Vient d'obtenir la paix: que pour l'assurer mieux,
Idoménée enfin demande qu'Hirzanie,
Par des nœuds éternels avec vous soit unie.
J'ai juré cet hymen, et vous devez juger
Que rien de mes sermens ne peut me dégager.

A R C È S.

Vous avez tout promis, je n'ai rien à vous dire....
Avant qu'à cet hymen Arcès puisse souscrire,
Vous le verrez plutôt.... Ah'! pardonnez, Seigneur,
Aux éclats imprudens d'une trop vive ardeur.
Pardonnez ces transports à la douleur extrême
D'un amant malheureux qui perd tout ce qu'il aime.
Je sais ce que mon cœur doit à tous vos bienfaits ;
Votre fils pourrait-il les oublier jamais ?
Mais j'adore Orphanis ; et le feu qui m'enflamme
Avec la même ardeur brûle aussi dans son ame.
Mon être tout entier est soumis à ses lois.
Je ne veux, je ne puis former un autre choix.
Seigneur, si l'on pouvait, par une heureuse adresse,
Sans déplaire aux Crétois, seconder ma tendresse ?

S É S O S T R I S.

Je vous l'ai déjà dit ; j'ai tout promis : un Roi,
Quand il fait un serment, ne peut trahir sa foi.

A R C È S.

Et cependant, Seigneur, vous venez de promettre
Que vos desirs aux miens daigneraient se soumettre.

S É S O S T R I S.

Oui, Prince, j'en conviens : vous pouvez contre moi
Alléguer ma promesse et réclamer la loi :
Mais la nécessité veut qu'enfin je préfère
Des sermens plus sacrés à ceux qu'on put vous faire.
Soumettez-vous au sort ; et quels que soient vos droits,
L'intérêt de l'État est le tyran des Rois.

ORPHANIS,

ARCÈS.

Eh ! que redoutez-vous d'un Roi qui vous implore ?
J'ai vaincu les Crétois ; je puis les vaincre encore.

SÉSOSTRIS.

La valeur est trompeuse, et le sort peut changer.

ARCÈS.

Je méprise la gloire acquise sans danger.

SÉSOSTRIS.

Ainsi, lorsque la paix peut être votre ouvrage,
Vous allez tout détruire ! Ainsi votre courage
A vos moindres desirs prétend tout immoler,
Et le sang sous vos mains va de nouveau couler !
Ah ! mon fils, connaissez les malheurs de la guerre.
Sous mon joug autrefois j'ai fait gémir la terre ;
Et, du fer inhumain n'écoutant que les droits,
J'ai brisé sans pitié le sceptre de vingt Rois.
Ce fut moi qui rangeai sous mon obéissance
Ces vingt mille cités qui forment ma puissance :
J'ai du Gange au Danube étendu mes exploits,
Et le monde en tremblant fut soumis à mes lois ;
Mais que j'ai payé cher cette gloire cruelle !
Que de pleurs ! que de sang j'ai fait couler pour elle !
Le repentir m'en reste ; et mon bras aujourd'hui,
Las d'effrayer le monde, en veut être l'appui.
Ah ! loin de vous tromper par des chimères vaines,
Songez au sang des Rois qui coule dans vos veines.
Songez que vous devez l'exemple à l'Univers ;
Que sur vos premiers pas tous les yeux sont ouverts.
L'erreur vit chez le peuple, et nos fautes passées
Sont par la main du tems rarement effacées.

Il faut vous maîtriser ; et, doublement vainqueur,
Ainsi que des Crétois, l'être de votre cœur.
Comme vous, dans les feux d'une ardente jeunesse,
Des folles passions j'ai ressenti l'ivresse ;
Mais lorsque le devoir m'ordonnait d'étouffer
De coupables penchans, j'en ai su triompher.
D'un moment, quand on veut, cet effort est l'ouvrage ;
Et je l'attends, mon fils, d'un aussi grand courage.

ARCÈS.

En vous j'honore un père et respecte mon Roi ;
Mais cet effort, Seigneur, est au-dessus de moi.

SÉSOSTRIS.

Si les soins que j'ai pris d'élever ton enfance,
T'ont jamais inspiré quelque reconnaissance,
Sur le bord de ma tombe au moins console-moi.
Ne trahis point l'espoir que j'ai conçu de toi.
Oui, cher Prince ; oui, mon fils, c'est moi qui t'en conjure,
Ne fais point à ton père une pareille injure.
J'en mourrais de douleur : ah ! tu ne voudrais pas
Avancer, sans pitié, l'instant de mon trépas.

ARCÈS.

Pour prolonger vos jours, je donnerais ma vie ; . . . .
Mais je ne puis souscrire à l'hymen d'Hirzanie.
Quand je domptai pour vous un peuple audacieux,
Mon cœur s'applaudissait de la faveur des cieux
Qui, sur mes premiers ans, répandit quelque gloire.
Il faut donc aujourd'hui gémir sur ma victoire ;
Et la triste Orphanis, à qui j'en dois l'honneur,
N'aura donc embrassé qu'une ombre de bonheur !

Tous deux nous nous flattions de la douce chimère
De vous nommer bientôt du tendre nom de père.
L'un et l'autre empressés nous aurions, chaque jour,
Hélas ! par tant de soins mérité votre amour !
Ah ! Seigneur, se peut-il que votre ame inflexible . . . . .

SÉSOSTRIS.

Vous le savez, Arcès, je porte un cœur sensible ;
Mais j'ai fait un serment, je ne le puis trahir.

ARCÈS.

Je crains de ne pouvoir jamais vous obéir.

SÉSOSTRIS.

J'employai la douceur ; mais tant de résistance
A la fin, malgré moi, peut lasser ma constance.
Obéissez.

ARCÈS.

Seigneur, qu'osez-vous exiger ?
Dans quels nœuds effrayans voulez-vous m'engager ?

SÉSOSTRIS.

Je ne dis plus qu'un mot : je le veux, je l'ordonne.
Acceptez, sans délai, l'épouse qu'on vous donne ;
Et craignez d'irriter, par de nouveaux refus,
Un Roi trop indulgent, qui ne vous connaît plus.

SCÈNE V.

ARCÈS, seul.

GRANDS DIEUX ! à ce revers aurais-je dû m'attendre !
Tant de soins, tant de feux, une amitié si tendre . . . . .
Malheureuse Orphanis, ah ! que vas-tu penser ?
Ton amant espérait te mieux récompenser.
Comment pourrai-je encor soutenir sa présence ?
Que lui dire ? Fuyons . . . . . Je la vois qui s'avance.

SCÈNE VI.

ARCÈS, ORPHANIS, ISSA.

ORPHANIS, *arrêtant Arcès.*

CONSENT-IL à l'hymen qui fait tout mon bonheur ?
Puis-je enfin espérer ? . . . . . Vous me fuyez, Seigneur !

SCÈNE VII.

ORPHANIS, ISSA.

ORPHANIS.

O CIEL ! que cet accueil m'accable et m'épouvante !
Il se tait, il me fuit, et mon ame tremblante. . . . .
Que dis-je ? moi, trembler ! et contre un faible écueil,
Voir périr mon espoir et briser mon orgueil ! . . .

La foudre gronde : eh bien, faisons tête à l'orage :
Opposons au destin le plus ferme courage ;
Et sans perdre le tems en frivoles discours,
Volons. Toi, chère Issa, seconde-moi : va, cours ;
Informe-toi de tout, et viens tout me redire . . . . .
Mais non : à mes projets je veux seule suffire.
Par moi-même il vaut mieux tout entendre, tout voir.
Oui, je veux que toujours soumis à mon pouvoir,
Dans mes piéges lui-même il vienne enfin se rendre.
Pour obtenir le trône osons tout entreprendre ;
Et sachons avec art employer tour-à-tour
Les larmes, la fureur, l'artifice et l'amour.

FIN DU SECOND ACTE.

ACTE III.

SCÈNE PREMIÈRE.

ARCÈS, seul.

Roi superbe, il faut donc qu'au gré de ton caprice,
Mon ame sous tes lois en esclave fléchisse.
Je combats, je triomphe, et tu voudrais pour prix
M'arracher à l'objet dont mon cœur est épris !
Ah ! tyran, vante moins ton amitié cruelle.
Je préfère ta haine et je ne veux plus qu'elle.
Oublier Orphanis ! . . . . Si jamais ton pouvoir
Prétendait me contraindre à ne la plus revoir,
Je saurais te montrer que cette main vaillante,
Ainsi que mon pays, sait venger mon amante. . . .
Que dis-je, malheureux ! la venger ? . . . . et de qui ?
D'un Roi qui m'a placé sur le trône avec lui ;
D'un ami, dont la main secourable et propice,
Veut sous mes pas tremblans fermer le précipice ;
Dont le rang que j'occupe est le moindre bienfait ;
Que j'appelai mon père . . . . et qui l'est en effet :
Et pour tant de faveurs, sacrilége et barbare,
Je pourrais ! . . . . . Ah ! plutôt du trouble qui m'égare,
Abjurons à ses pieds la tyrannique erreur.
Soyons sujet soumis et roi de notre cœur.

Oui , je veux en ce jour m'immoler pour te plaire.
Admire bien l'effort que sur moi je vais faire.
Tu soumis, il est vrai, l'Univers à ta loi.
En domptant mon amour j'aurai fait plus que toi.
Qu'il est beau , qu'il est grand de se vaincre soi-même ! . . . .
Je vais donc renoncer à la beauté que j'aime. . . . .
Qui ? moi, ne la plus voir ! l'abandonner ! la fuir ! . . . .
Après tant de sermens lâchement la trahir !
Non, l'effort est trop grand et j'en suis incapable.
Moi, d'une trahison je deviendrais coupable !
Pardonne , cher objet de mon cœur enflammé ;
Ah ! pardonne . . . . jamais tu ne fus plus aimé.
Oui, toujours en tyran tu règnes sur mon ame.
Chaque instant, chaque obstacle irrite encor ma flamme.
Sans mon amour, sans toi je ne puis respirer. . . . .
Eh bien ! c'est pour cela qu'il faut m'en séparer.
Le faible honneur de vaincre un penchant ordinaire ,
N'est que d'un sage obscur l'héroïsme vulgaire ;
Mais fuir avec effort un objet adoré ;
Mais étouffer un feu dont on est dévoré ;
Mais arracher le trait qui flatte et qui déchire :
Voilà l'heureux triomphe où mon orgueil aspire !
Voilà l'honneur d'un Prince, et voilà mon devoir !
C'en est fait : commençons à ne la plus revoir.
Je le dois ; je le veux . . . . Que vois-je ? ô Dieux ! c'est elle.

SCÈNE II.

ORPHANIS, ARCÈS, ISSA.

ORPHANIS.

On dit, et ce rapport me semble assez fidèle,
Que le fier Sésostris désapprouvant nos feux,
Vous réserve, Seigneur, à de plus nobles nœuds ;
Que ma présence ici lui devient importune.
Je ne sais point lutter contre mon infortune.
Le sort, qui me poursuit, m'apprit à tout souffrir.
Non, Seigneur, je n'ai point de sceptre à vous offrir ;
Mon front n'est point orné d'un brillant diadême.
Hélas ! mon faible cœur a cru, d'après vous-même,
Qu'il suffisait d'aimer pour mériter vos feux.
Il est vrai que vos soins nobles et généreux
Ont daigné quelquefois rechercher ma misère.
Vous changez . . . . je n'ai point de reproche à vous faire.
Vous ne m'entendrez point, dans ces tristes momens,
Alléguer contre vous ma flamme et vos sermens.
Vous me quittez : du moins, Prince, laissez-moi croire
Que l'amour a long-tems disputé la victoire :
Que lorsqu'un si grand cœur peut manquer à sa foi,
Il ne fait qu'obéir aux volontés du Roi.
Mais, Seigneur, si jamais Orphanis vous fut chère,
Pour unique faveur, qui sera la dernière,
Souffrez que, loin de vous, j'aille au fond des déserts,
Pleurer ma destinée et le bien que je perds.

ARCÈS.

Oui, j'espérais en vous voir un jour mon épouse.
Hélas ! tout m'en flattait : la fortune jalouse,
Opposant à mes vœux je ne sais quel devoir,
D'un bien si séduisant veut me ravir l'espoir.
Je sens trop qu'à ce coup je ne pourrai survivre ;
Que cet arrêt du sort . . . . .

ORPHANIS, *avec fierté.*

Seigneur, il faut le suivre.

ARCÈS.

Ah ! loin de m'imputer le sujet de vos pleurs,
Orphanis, apprenez l'excès de nos malheurs ;
Sésostris, ébloui d'un intérêt frivole,
Sans consulter mon cœur, a donné sa parole.

ORPHANIS.

Sans doute à ce traité vous vous êtes soumis,
Et vous avez juré . . . . .

ARCÈS, *troublé.*

Moi, je n'ai rien promis.
Il est vrai que le Roi, s'il faut ne vous rien taire,
Attend de ma vertu l'effort le plus austère ;
Que je crains son courroux . . . . . et qu'au fond de mon cœur
Plus fort que ma raison l'amour seul est vainqueur.

ORPHANIS, *avec tendresse.*

Il faut donc m'oublier.

ARCÈS.

Vous oublier, Madame !
Ah ! quel trait déchirant lancez-vous dans mon ame !

Vous oublier ! le Roi peut bien nous séparer ;
Mais le destin d'Arcès est de vous adorer :
Si le Ciel eût daigné nous unir l'un à l'autre,
Je le sens, mon bonheur eût dépendu du vôtre.
Ah ! pouvez-vous cesser de m'être chère ?

ORPHANIS.

Et moi,

Je reprends ma parole et vous rends votre foi.
Il ne faut point ici, versant d'indignes larmes,
D'un bonheur, qui n'est plus, envisager les charmes.
(Avec ironie.)
De la fille d'un Roi soyez l'heureux époux,
Et ne trahissez point ce qu'on attend de vous.

ARCÈS.

Quoi ! de votre ame ainsi souveraine maîtresse,
Vous pourriez ! . . . .

ORPHANIS.

Moi, je dois, étouffant ma tendresse,
Prendre exemple de vous, ne pouvant le donner.
Le Roi vous le commande, il faut m'abandonner.
Oui, c'en est fait : cédons au sort qui nous sépare.

ARCÈS, *avec dépit.*

Eh bien ! puisque c'est vous qui l'ordonnez, barbare,
Je vais vous obéir, m'arracher de vos bras,
Et vous forcer peut-être à pleurer mon trépas.

(Arcès sort.)

4

SCÈNE III.

ORPHANIS, ISSA.

ISSA.

Vous m'étonnez, Madame ; eh ! qu'espérez-vous faire ?
A vous-même soudain qui vous rend si contraire ?
Vous aspirez au trône ; et, si j'en juge bien,
Pour vous en écarter vous ne négligez rien.

ORPHANIS.

Va, le Prince m'adore, et je n'ai rien à craindre.
C'est en lui résistant qu'on lui fait tout enfreindre.
Tu le verras, pressé par un fier ascendant,
Revenir à mes pieds plus tendre et plus ardent.
Je veux, poussant plus loin la feinte et l'artifice,
Paraître aux yeux du Roi faire un grand sacrifice.
Je veux.... Mais le voici.

SCÈNE IV.

SÉSOSTRIS, ORPHANIS, ISSA.

ORPHANIS.

Je vous cherchais, Seigneur.
Souffrez que, découvrant les replis de mon cœur,
Sans crainte devant vous je rompe un long silence.
Je dois tout à vos soins, et ma reconnaissance

Va confesser mon crime et ne rien déguiser.
Qu'une amante est crédule et prompte à s'abuser !
Oui, Seigneur, malgré moi j'aime Arcès, je l'adore.
Que dis-je ? c'était peu : j'osai prétendre encore
Que l'hymen nous unît et confondît nos rangs.
Cet espoir fit long-tems mon bonheur ; mais j'apprends
Qu'un Monarque fameux le demande pour gendre :
Il m'a donné son cœur, et je viens le lui rendre.
Pour prix de vos bienfaits vous ne me verrez pas
Exciter la discorde au sein de vos États.
Quoi qu'il m'en coûte enfin, quand mon amour vous blesse,
C'est à moi d'immoler mon cœur et ma faiblesse.
Ainsi, demain, Seigneur, l'astre naissant du jour
Me verra pour jamais fuir le Prince et la cour.

S É S O S T R I S.

Aux nobles sentimens que vous faites paraître,
J'ouvre les yeux, Madame, et j'apprends à connaître
Quel hommage on doit rendre au sang dont vous sortez.
Vous dédaignez le trône et vous le méritez.
Le Prince vous chérit ; que ne puis-je, Madame,
Couronner à la fois vos vertus et sa flamme ?
Mais vous savez qu'un Prince est soumis à la loi
De ne donner sa main qu'à la fille d'un Roi.
Vous en avez le cœur sans en avoir le titre.
Je vous plains : cependant je vous laisse l'arbitre
De choisir pour séjour Memphis ou ce Palais.
Et vous pouvez partout compter sur mes bienfaits.

SCÈNE V.

ARCÈS, SÉSOSTRIS, ORPHANIS, ISSA.

ARCÈS, *(dans le fond du théâtre.)*

Non, mon cœur un instant ne peut s'éloigner d'elle.

SÉSOSTRIS, *(apercevant Arcès.)*

Venez, Prince ; approchez : voici votre modèle.
Orphanis, de l'amour méprisant le pouvoir,
Se dispose à partir et renonce à vous voir.
Cédez à votre tour ; imitez son courage.

(à Orphanis.)

Madame, il faut encore achever votre ouvrage.
Montrez-lui qu'il se doit plus à l'État qu'à lui ;
Qu'il apprenne à se vaincre, et qu'il sache aujourd'hui
Que, si l'on veut sur soi remporter la victoire,
Ce n'est pas sans effort qu'on triomphe avec gloire ;
Et moi je vais presser un hymen, dont l'éclat
Doit rejaillir sur lui, sur vous et sur l'État.

SCÈNE VI.

ARCÈS, ORPHANIS, ISSA.

ARCÈS.

J'ai peine à concevoir ce que je viens d'entendre.
Quoi ! dans le même instant où l'amour le plus tendre
Pour jamais à vos pieds vous rapporte ma foi,
J'apprends que vous brûlez de vivre loin de moi.
Ah ! de grâce, Madame, au moins daignez m'instruire
Si vous avez pensé ce que l'on vous fait dire.

O R P H A N I S.

Il n'est que trop certain : je pars ; et mon devoir,
Pour la dernière fois, me permet de vous voir.

A R C È S.

Je demeure interdit, et mon ame étonnée
N'espérait pas vous voir si bien déterminée.
Après le sort affreux dont j'éprouve les coups,
Il ne me restait plus qu'à l'apprendre de vous.
Trouverai-je partout la même résistance ?
Quoi ! vous, qui devriez soutenir ma constance,
C'est vous qui vous plaisez à me persécuter !

O R P H A N I S.

Ne m'avez-vous pas dit qu'il fallait nous quitter ?

A R C È S.

Fallait-il sans combattre au même instant vous rendre ?
Avec nos ennemis fallait-il vous entendre ?
Ah ! jamais, non, jamais vous ne sûtes aimer.

O R P H A N I S.

Qu'ai-je fait ? j'obéis ; pouvez-vous m'en blâmer ?

A R C È S.

Ah ! si je vous étais cher, auriez-vous pu, cruelle,
Presser l'instant suivi d'une absence éternelle ?
Hélas ! si vous saviez quel ascendant vainqueur,
Quel empire l'amour vous donne sur mon cœur,
Ce qu'il m'en a coûté de tourmens et de larmes,
Pour m'être un seul instant séparé de vos charmes !
Pourriez-vous me payer d'un si faible retour ?
Quand je brûlais pour vous du plus ardent amour,

J'espérais vous trouver un cœur moins inflexible.
J'avais tant de plaisir à vous croire sensible !
Pourquoi me détromper ?

ORPHANIS.

Hélas ! pensez-vous bien
Que, s'il faut nous quitter, il ne m'en coûte rien ?
Croyez-vous que souvent, dévorant ses alarmes,
Orphanis en secret n'ait point versé de larmes ?
Quand j'ose envisager cet instant douloureux
Qui doit, sans nul espoir, nous séparer tous deux,
Mon cœur, en condamnant ma démarche indiscrète,
Revole tout entier vers le bien qu'il regrette.
Mais nous devons songer que le destin cruel
Vient de mettre à nos feux un obstacle éternel.
Pour la dernière fois revoyez votre amante.

ARCÈS.

Non, ne vous flattez pas que jamais j'y consente.
L'univers conjuré ne peut m'intimider.
Je ne veux que vous seule, et pour vous posséder
Je n'épargnerai rien : l'État, le Roi lui-même,
Je pourrai tout braver, et c'est ainsi que j'aime.

ORPHANIS, *avec tendresse.*

Cher Prince !

ARCÈS.

M'aimez-vous ?

ORPHANIS.

Si je vous aime !

ARCÈS.

Eh bien !
Dans mes justes transports je n'écoute plus rien.

Dussé-je m'attirer tout le courroux céleste !
En dussé-je périr ! un seul moyen me reste,
Et je cours le tenter. Je vais trouver le Roi ;
Faire à ses pieds valoir mon service et la loi ;
Supplier, conjurer, presser, demander grâce ;
Aux larmes, s'il le faut, abaisser mon audace ;
Lui peindre mes transports, mes feux, mon désespoir ;
Enfin épuiser tout ce qui peut émouvoir.

ORPHANIS.

Mais s'il résiste encor ?

ARCÈS.

Si, toujours inflexible,
Il oppose à mes feux un obstacle invincible :
Alors, n'écoutant plus qu'une farouche ardeur,
J'irai, bravant le Roi, bravant l'Ambassadeur,
J'irai leur déclarer que, prêt à tout enfreindre,
Je déteste l'hymen où l'on veut me contraindre ;
Que, loin de me ranger sous ces injustes lois,
Par le fer et le sang je défendrai mes droits.

SCÈNE VII.

ORPHANIS, ISSA.

ORPHANIS.

Tu vois comme à mon gré je sais, avec souplesse,
Enflammer son audace et flatter sa faiblesse.
Si j'en crois ses transports, je puis compter sur lui ;
Et mon sort, chère Issa, se décide aujourd'hui.

ISSA.

Ah ! vous devez trembler, si j'en crois l'apparence.

ORPHANIS.

Plus l'instant est terrible et plus j'ai d'espérance.

ISSA.

Craignez de rencontrer des obstacles nouveaux,
Et de perdre à jamais le fruit de vos travaux.

ORPHANIS.

Je vois tous les dangers qui marchent à ma suite.
Sans doute dans l'état où les Dieux m'ont réduite,
Aux coups les plus affreux je dois me préparer ;
Mais en les prévoyant je saurai les parer.
Sésostris me priva d'un époux et d'un père ;
Sans lui, sans le cruel je serais encor mère.
Il a fait mes malheurs, il ose m'outrager,
Et je le souffrirais ! ... Non , je veux m'en venger.
Je médite un dessein qui pourra te surprendre.

ISSA.

Quel tems choisissez-vous pour oser l'entreprendre ?

ORPHANIS.

Il suffit. Si le Roi persiste à m'accabler,
Tu verras avant peu qui de nous doit trembler.

FIN DU TROISIÈME ACTE.

ACTE IV.

SCÈNE PREMIÈRE.

ORPHANIS.

Où vais-je ? que résoudre ? et quel trouble m'agite ?
Déjà vers son déclin le jour se précipite ;
Demain je dois partir ; et mon cœur incertain,
Quand je devrais tout faire, attend tout du destin.
Allons : c'est maintenant qu'il faut braver l'orage :
Tant d'obstacles ne font qu'irriter mon courage.
L'homme intrépide et ferme en ses vastes desseins
Tient toujours, quand il veut, sa fortune en ses mains,
Et des évènemens il sait se rendre maître.
Le faible les attend ; un grand cœur les fait naître.
Le Roi va me poursuivre, il le faut prévenir
Et le forcer enfin lui-même à me punir.

SCÈNE II.

ORPHANIS, ISSA.

ISSA.

Vous l'emportez, Madame ; oui, les Dieux plus propices
Vont resserrer des nœuds formés sous leurs auspices.
Arcès a vu le Roi : plein d'espoir et content,
Ce Prince du palais sortait au même instant ;

Tout exprimait sa joie ; et j'ai, sur son visage,
Lu d'un bonheur certain l'infaillible présage.
Pour vous entretenir il semblait vous chercher.
Son cœur impatient brûlait de s'épancher.
Il voulait me parler : il allait tout m'apprendre,
Lorsque l'Ambassadeur est venu le surprendre.
Mais, si j'ai bien jugé, vos tourmens vont finir ;
Sésostris, en un mot, consent à vous unir.

O R P H A N I S.

Peux-tu le croire, Issa ? Va, je suis moins crédule.
Le Roi refuse tout, ou le Roi dissimule.
Ah ! je connais trop bien Sésostris et la cour.

I S S A.

Et pourquoi maintenant craindre un fâcheux retour ?
Pourquoi désespérer quand tout vous favorise,
Quand le Roi ?....

O R P H A N I S.

　　　　Chère Issa, que veux-tu que je dise ?
Mon ame impatiente est lasse de se voir
Le jouet éternel d'un chimérique espoir.
Réduite à perdre tout ou bien à tout enfreindre,
Orphanis désormais ne peut plus se contraindre.
J'ai su gagner du tems, et, pour en profiter,
Je vais auprès d'Arcès tout faire, tout tenter,
Le forcer à l'éclat, et, s'il faut te le dire,
Me plonger dans l'abyme afin qu'il m'en retire.
Je sens que mon courage est capable de tout.
Qui suit bien un projet en vient toujours à bout.
La route que je tiens est terrible, mais sûre :
C'est sur les coups du sort qu'un grand cœur se mesure.

Si , servant mes projets et découvrant mes feux,
Sésostris osait prendre un parti rigoureux,
Avertis-en le Prince, et fais-lui bien comprendre
Que l'amour seul pour lui me fait tout entreprendre.
Exagère-lui bien les dangers que je cours ;
Enfin , dis-lui qu'il est mon unique recours.
On vient ; c'est Sésostris !.... Ciel ! que vient-il me dire ?

SCÈNE   III.

SÉSOSTRIS, ORPHANIS, ISSA, GARDES.

SÉSOSTRIS.

(Aux Gardes.)

DEMEUREZ, Orphanis ; et vous , qu'on se retire.

SCÈNE   IV.

SÉSOSTRIS, ORPHANIS, ISSA.

SÉSOSTRIS.

MADAME, approchez-vous , et daignez m'écouter.
Sur un point important je viens vous consulter.
Peut-être il vous souvient qu'en ces lieux étrangère ,
Vous trouvâtes en moi moins un maître qu'un père.
Je réparai vos maux autant qu'il fut en moi ;
Je ne m'en repens pas ; c'est le devoir d'un Roi.

Mais on dit qu'à mes yeux habile à vous contraindre,
Vous nourrissez un feu que vous feignez d'éteindre ;
Qu'affectant sur votre ame un pouvoir éclatant,
Vous pensez me cacher le piége qui m'attend,
Et que, sans respecter l'autorité suprême,
Un jour vous prétendez.....

O R P H A N I S.

Moi , Seigneur ?

S É S O S T R I S.

Oui , vous-même.

Vous vous flattez, dit-on, que, bravant mon courroux,
Arcès aux yeux de Thèbe ose s'unir à vous.

O R P H A N I S.

Comme mon bienfaiteur, Seigneur, je vous révère ;
Mais je mérite peu ce reproche sévère.
Demain je fuis le Prince, et le Ciel m'est témoin
Que mon respect pour vous ne peut aller plus loin.
Je vous laisse ignorer, Seigneur, ce qu'il m'en coûte.

S É S O S T R I S.

Vous répondez trop tôt. On dit plus : on ajoute
Que dans le fond du cœur vous osez aspirer
Au rang, qu'après ma mort, Arcès doit espérer ;
Qu'en lui vous recherchez moins son cœur que l'Empire ;
Qu'enfin ce n'est qu'au trône où votre orgueil aspire.
Répondez maintenant, et tâchez d'éclaircir
Les bruits injurieux dont on veut vous noircir.

O R P H A N I S.

Des efforts des méchans je ne suis point surprise ;
Mais qu'un Roi tel que vous, Seigneur, les autorise ;

Qu'un Prince inaccessible aux brigues des flatteurs,
Ait pu prêter l'oreille à mes accusateurs ;
Que par de tels soupçons il se laisse surprendre :
Non, c'est ce que jamais je ne pourrai comprendre.
Il me reste un témoin que je n'ose nommer ;
De mes crimes, Seigneur, il peut vous informer.

SÉSOSTRIS.

On me trompe, sans doute, et j'ai trop peine à croire
Que vous payez mes soins d'une fourbe aussi noire.
Ces bruits sont peu fondés ; mais pour les démentir,
Madame, au même instant, soyez prête à partir.

ORPHANIS.

Dans l'instant !

SÉSOSTRIS.

Oui, sur l'heure.

ORPHANIS.

(à part.)
O Ciel ! je suis perdue,

(à Sésostris.)
De cet ordre pressant je reste confondue.

SÉSOSTRIS.

Eh quoi ! vous résistez : j'entrevois vos raisons.
Vos refus pourraient bien confirmer mes soupçons.
Obéissez.

ORPHANIS.

Eh bien ! frappez votre victime ;
Il faut donc à vos pieds vous confesser mon crime.
Voyez tout ce qu'en moi vous avez à punir
Mon cœur vous a promis plus qu'il n'a pu tenir.

Hélas ! je me flattais de maîtriser mon ame.
J'ai pressé même Arcès de vaincre aussi sa flamme ;
Mais pour nous séparer rassemblés en ce lieu ,
Nous n'avons pu nous dire un éternel adieu.
Aisément, pour jamais , quitte-t-on ce qu'on aime ?
Ah ! loin de vous tromper, je me trompais moi-même.

SÉSOSTRIS.

Quoi qu'il en soit, partez et ne m'opposez rien.
L'absence pour vous vaincre est le plus sûr moyen.

ORPHANIS.

Convenez-en , Seigneur, quelqu'effort que je fasse ,
A vos yeux prévenus rien ne peut trouver grâce.
Votre injuste rigueur me soupçonnant toujours,
Même avant de m'entendre, avait proscrit mes jours.
Vous m'avez, il est vrai, souvent servi de père ;
Mais s'il faut avec vous m'expliquer sans mystère,
Seigneur, j'avais un père, un époux et deux fils ;
Si je les ai perdus, qui me les a ravis ?
Vous le savez trop bien ; hélas ! ce sont vos armes
Qui, dans Tyr embrâsée, ont fait couler mes larmes.
J'ai cru que, sans orgueil, je pouvais espérer
Que qui fit mes malheurs voudrait les réparer ;
Qu'enfin c'était à vous, auteur de ma misère,
De rendre à mes regrets mon époux et mon père.

SÉSOSTRIS.

Que prétendez-vous donc ? vous, régner en ces lieux !
Vous, épouser le Prince ! ah ! connaissez-vous mieux ?
Songez quel est Arcès, et songez qui vous êtes.

ORPHANIS.

Veuve d'un étranger fameux par cent conquêtes ,

Certes, je n'ai pas cru qu'un fils de Souverain,
Qu'un Roi même rougît de me donner la main.
Ni qu'un jour avec moi partageant la couronne,
Arcès pût avilir la majesté du trône.

SÉSOSTRIS.

Je n'en saurais douter ; òn m'a trop bien instruit.
Et votre seul orgueil confirme assez ce bruit.
Ingrate ! c'est donc vous de qui le front timide,
Sous des traits imposans, cache un cœur si perfide !
Vous, qui ne respirez que par mes seuls bienfaits ;
C'est vous qui dans ces lieux osez troubler la paix ;
C'est vous qui, nourrissant un amour qui m'outrage,
Osez à la révolte enhardir le courage ;
Qui, par de faux dehors éblouissant mes yeux,
N'affectez la vertu que pour me tromper mieux.
Mais je vous punirai d'un si lâche artifice.
L'exil que j'ai prescrit n'est qu'un faible supplice.
Un plus grand châtiment est réservé pour vous,
Et vous allez sur l'heure éprouver mon courroux.
Enfin de mes bontés pour vous voici le terme.
Gardes, que dans la tour à l'instant on l'enferme.

(Issa sort par le côté où doit entrer Arcès.)

ORPHANIS.

(à part.)   *(à Sésostris.)*

Je triomphe...... Un soupçon fait tous mes attentats ;
Mais avant que le jour renaisse en ces Etats,
Vous pourrez me connaître et me rendre justice.

SÉSOSTRIS.

(aux Gardes.)

Ce que j'ordonne est juste. Allez, qu'on m'obéisse.

(On emmène Orphanis.)

SCÈNE IV.

SÉSOSTRIS, seul.

Suis-je encor Sésostris ? moi, qui sus autrefois
Soumettre à mes États les peuples et les Rois,
Dont l'Univers vantait la valeur intrépide,
J'étais donc le jouet d'une femme perfide !
Si par sa vertu feinte elle a su me tromper,
A ses piéges mon fils devait-il échapper ?
A-t-il pu s'en défendre ? Avec quel artifice
La cruelle infectait ce cœur simple et novice !
Mais on vient. C'est lui-même.

SCÈNE V.

ARCÈS, SÉSOSTRIS.

SÉSOSTRIS.

Ah ! Prince, où courez-vous ?
Et qui peut dans vos yeux allumer ce courroux ?

ARCÈS.

Quoi ! Seigneur, Orphanis vient de m'être ravie !
Votre fureur n'a plus qu'à m'arracher la vie.
Que lui reprochez-vous ? Eh ! qui peut en un jour
La noircir à vos yeux et changer votre amour ?

Vous l'admiriez vous-même : eh quoi ! n'est-ce pas elle
Que vous m'avez tantôt offerte pour modèle ?
Qu'a-t-elle fait depuis pour mériter des fers ?

SÉSOSTRIS.

Mes yeux étaient fermés : mes yeux se sont ouverts.
Plût aux Dieux que les tiens pussent s'ouvrir de même !
Ai-je pu sans courroux voir son audace extrême ?
La perfide déjà, prompte à se démentir,
Après l'avoir promis, refuse de partir.

ARCÈS.

De grâce, à sa vertu rendez plus de justice.
De mes égaremens elle n'est point complice.
Et si tantôt, Seigneur, j'eusse exaucé ses vœux,
L'absence, sans retour, nous séparait tous deux :
Sa fuite pour jamais m'eût privé de ses charmes.
C'est moi dont la douleur, la prière et les larmes
Ont arrêté ses pas ; et si la retenir
Est un crime à vos yeux, c'est moi qu'il faut punir.

SÉSOSTRIS.

Mais toi qui la défends, crois-tu la bien connaître ?
Mes yeux moins prévenus, ou trop justes peut-être,
Ont, à travers son voile et sa fausse candeur,
De ses desseins secrets percé la profondeur.
J'ai vu que, par l'amour cherchant à te séduire,
Elle n'en veut qu'au trône où tu peux la conduire.

ARCÈS.

Orphanis trahirait un cœur tel que le mien !....
Mais ce n'est pas à moi de soupçonner le sien....

Hélas ! ayez pitié des tourmens que j'endure.
Pouvez-vous à la gloire immoler la nature ?
Vous savez si jamais j'ai trahi mon devoir.
Ne m'abandonnez pas à tout mon désespoir.
En vous aimant tous deux je trouve tant de charmes !
Mon père, serez-vous insensible à mes larmes ?
Vous vous attendrissez . . . . je tombe à vos genoux.
Rendez-moi ce que j'aime.

S É S O S T R I S.

      Ah ! Prince, levez-vous.
Ingrat, tu sais pour toi combien mon cœur est tendre.
Mais par tes pleurs enfin ne crois plus me surprendre.
Le bonheur de mon peuple est préférable au tien.
Le sort en est jeté : je n'écoute plus rien.
Je tiens entre mes mains l'objet de ta tendresse.
Je puis tout : cependant si son sort t'intéresse,
Si tu lui veux enfin rendre la liberté,
Épouse la Princesse et consens au traité.

A R C È S.

Je vous l'ai déjà dit et dois vous le redire,
Jamais à cet hymen ma main ne peut souscrire.
Qui, moi ? vaincre mes feux ! en dussé-je expirer,
Jamais ! . . . .

S É S O S T R I S.

De votre part j'avais lieu d'espérer
Un peu plus de respect et plus d'obéissance.

A R C È S.

Et j'attendais de vous plus de reconnaissance.

Oui , Seigneur, quelque loi qu'on daigne m'imposer,
Ce cœur est tout mon bien , et j'en veux disposer.
En un mot, rendez-moi la beauté qui m'est chère :
Rendez-la moi, Seigneur , ou.....

S É S O S T R I S.

Tremble, téméraire !

Tes pleurs et ton courroux sont pour moi superflus.
Je te le jure enfin : tu ne la verras plus.

A R C È S.

Je ne la verrai plus ! De quel droit, à quel titre
De ses jours et des miens vous rendez-vous l'arbitre ?
Dès l'instant que mon bras dompta vos ennemis,
Au pouvoir de la loi n'êtes-vous pas soumis ?
On ne m'abuse point par un espoir frivole ;
Vous m'avez tout promis , et vous tiendrez parole.

S É S O S T R I S.

Qu'entends-je ? un imprudent brave ainsi mon pouvoir ?
Vante moins ta valeur, et suis mieux ton devoir.
Qu'as-tu donc fait, enfin , que t'acquitter du zèle
D'un fils reconnaissant et d'un sujet fidèle ?

A R C È S.

La loi m'accorde un prix , et je veux l'exiger.

S É S O S T R I S.

Celui qui fait les lois a droit de les changer.

A R C È S.

Mais en changeant la loi, changerez-vous mon ame ?
Détruirez-vous ce feu qui m'entraîne et m'enflamme ?

Si , n'ayant pu le vaincre , on s'y veut opposer ,
Craignez tout d'un amant qu'on force à tout oser.
Hélas ! vous m'étiez cher ; mais votre injuste haine
Va briser entre nous le seul nœud qui m'enchaîne.

SÉSOSTRIS.

Lâche , fais éclater tes coupables transports.
Non , tu ne démens point le monstre dont tu sors.
Traître , il ne manque plus à tant de perfidies,
Que d'oser sur mes jours porter tes mains hardies.
Crois-tu par tes fureurs m'inspirer de l'effroi ?
Va , je te crains trop peu pour m'assurer de toi.
Mais je veux bien encor , modérant ma colère ,
Par pitié te donner un avis salutaire.
S'il t'échappe un seul mot , un seul geste douteux ,
Je puis du même coup vous immoler tous deux.

ARCÈS.

L'immoler ! Si jamais.... Ah ! j'en frémis de rage.
A quelle extrémité portez-vous mon courage ?
Mais sachez qu'Orphanis , Seigneur , est tout mon bien ;
Que , s'il ne m'est rendu , je ne connais plus rien.

(Arcès sort.)

SCÈNE VI.

SÉSOSTRIS, seul.

GRANDS DIEUX ! jamais si loin poussa-t-on l'insolence ?
J'aurais dû.... Vengeons-nous.... Quoi ! cette main balance ?
Eh ! quel Dieu si long-tems peut retenir mon bras ?
Que faut-il donc encor ?..... Perfide , tu mourras.
Que dis-je ? réprimons un transport si funeste.
Irai-je de mon sang verser le faible reste ?
M'ôter le seul appui de mes jours languissans ?
Qu'a-t-il fait ? Sans l'amour qui subjugue ses sens,
L'aurais-je jamais vu lever un front rebelle ?
Par combien de respects m'a-t-il marqué son zèle ?
O toi, dont j'ai souvent admiré la vertu ;
Toi, que j'aime, ô mon fils ! à quoi me réduis-tu ?
Pressé de tous côtés, quel parti dois-je prendre ?
Je ne puis le punir, et je ne puis me rendre.
Hélas ! j'ai vu l'instant où , prêt à lui céder,
Ma faiblesse tantôt allait tout accorder.
O mon fils ! quels tourmens tu causes à ton père !....
Mais de cette pitié que faut-il que j'espère ?
Idoménée attend l'effet de mes sermens ;
Irai-je m'exposer à ses ressentimens ?

De mes tristes États hâter la décadence ?
Que faire ? Du conseil implorons la prudence. -
Qu'il juge , qu'il décide , et qu'il accorde en moi
La tendresse du père et la gloire du Roi.

FIN DU QUATRIÈME ACTE.

ACTE V.

(Ici le jour diminue insensiblement.)

SCÈNE PREMIÈRE.

ARCÈS, ORPHANIS, GARDES.

ARCÈS, *tenant Orphanis d'une main, et son sabre*
de l'autre.

(Les amis d'Arcès font un mouvement, et les Gardes de Sésostris,
après un léger combat, reculent dans la coulisse.)

(aux Gardes.)
N'AVANCEZ pas, cruels, ou tremblez de paraître ;
Reconnaissez en moi le sang de votre maître.
Et vous, braves amis, ne vous éloignez pas :
J'aurai peut-être encor besoin de votre bras :
(à Orphanis.)
Allez .... D'indignes fers vous êtes délivrée.
Je vous revois, Madame, et mon ame enivrée,
En rompant vos liens, ne connaît d'autre espoir,
N'éprouve d'autre bien que celui de vous voir.
Si j'ai pu quelque tems suspendre cet orage,
Je vois qu'il faut encore achever mon ouvrage,

(avec vivacité.)

Vous rendre…. Mais que vois-je ? Orphanis, vous pleurez !

ORPHANIS.

Ah ! Prince.

ARCÈS.

Expliquez-vous ? vous me désespérez.
Est-il encor des maux où je doive m'attendre ?

ORPHANIS.

Prince, il n'est plus pour nous de bonheur à prétendre.

ARCÈS.

Ah ! de grâce, parlez.

ORPHANIS.

L'amour ingénieux
Sur vos seuls intérêts m'a fait ouvrir les yeux.
Tremblez.

ARCÈS.

De quel péril êtes-vous informée ?

ORPHANIS.

Des menaces du Roi justement alarmée,
Du fond de ma prison j'ai su veiller sur lui.
Je sais l'affreux destin qu'il nous garde aujourd'hui.

ARCÈS.

Eh ! qu'avons-nous à craindre ?

ORPHANIS.

Une mort assurée ;
Par lui dans le conseil notre perte est jurée.

ARCÈS.

Vous croyez......

ORPHANIS.

Tout ici confirme ma terreur.

ARCÈS.

Juste Ciel ! je ne puis contenir ma fureur.
Vous, mourir ! ah ! je vais......

ORPHANIS.

Eh ! qu'espérez-vous faire ?

ARCÈS.

Aux projets du tyran je prétends vous soustraire.
Venez, et sur mes pas cherchez en d'autres lieux
Un asyle assuré qui vous cache à ses yeux.

ORPHANIS.

Moi, Seigneur, moi, que j'aille, amante criminelle,
Vous dérober au rang où le sort vous appelle !
Que je prive l'État de son plus ferme appui !

ARCÈS.

Hélas ! si mon amour doit vous perdre aujourd'hui,
Que m'importe la vie et le trône et l'Empire !
Vous voir, vous posséder, c'est le bien où j'aspire.
Vous êtes tout pour moi. Malgré le sort jaloux,
Je mourrai votre amant ou vivrai votre époux.
Plus on fait contre vous éclater de colère,
Et plus dans ces instans vous me devenez chère.

ORPHANIS.

Qu'un intérêt si tendre alarme mon amour !
C'est pour vous que je crains Sésostris en ce jour.

Je mourrais sans regret si sa cruelle envie
Se bornait à trancher ma déplorable vie ;
Mais rien ne peut sur vous rassurer mes esprits ;
Il a perdu le père, il va perdre le fils.

A R C È S.

Généreuse Orphanis, quoi ! parmi tant d’alarmes,
C’est pour moi, pour moi seul que vous versez des larmes.

O R P H A N I S.

Faut-il que j’aime encor ? hélas ! Prince sans vous
J’aurais vécu fidelle aux cendres d’un époux.
J’ignorerais les maux où l’amour nous expose.
Mais que mal aisément de son cœur on dispose !
Que n’ai-je pu toujours dans le sein de la paix
Couler les jours heureux que le Ciel m’avait faits !

A R C È S.

Si le plus tendre amour a pu toucher votre âme,
Vous repentez-vous donc d’avoir payé ma flamme ?

O R P H A N I S.

Je ne regrette rien : mais quel est notre sort ?
Il ne nous reste plus d’autre espoir que la mort.
Voilà donc ce bonheur dont la riante image
Au milieu des revers soutenait mon courage !
Voilà donc ces plaisirs, cet avenir heureux
Dont le ciel dut un jour récompenser nos feux !
Hélas ! tout est détruit.

A R C È S.

Je saurai tout vous rendre.

O R P H A N I S.

Vous vous flattez en vain. Que peut-on entreprendre ?

Aux projets du tyran ici tout est livré.
Ce palais est partout de gardes entouré.

ARCÈS.

Eh bien ! qu'en ces momens ta prudence m'éclaire !
Pour assurer tes jours, parle : que faut-il faire ?
Décide-toi ; commande et je cours obéir.

ORPHANIS.

Ne me consulte point. Ah ! laisse-moi te fuir.

ARCÉS.

Eh quoi ! chère Orphanis, ta pitié m'abandonne.

ORPHANIS.

Quels conseils attends-tu que ma raison te donne ?
Ah ! si tu connaissais l'excès de mon amour ,
Que ne ferais-je pas pour te sauver le jour !
Pour te prouver ma foi, pour conserver la tienne
Il n'est point , je le sens, de nœud qui me retienne.

ARCÈS.

Eh ! crois-tu donc mes feux moins ardens que les tiens ?
Je puis , ainsi que toi, tenter tous les moyens ,
Braver tous les dangers ; enfin, pour te défendre ,
Il n'est rien qu'en ce jour je ne puisse entreprendre.

ORPHANIS.

Peut-être en ces momens il jure mon trépas ;
Peut-être il vient ici m'arracher de tes bras ;
Peut-être sa fureur implacable et sanglante
Aux plus affreux tourmens va livrer ton amante,

ARCÈS.

Eh ! prends-tu donc plaisir à redoubler mes maux ?
Que me dis-tu ? qui, moi ? sous le fer des bourreaux

Je verrois expirer !...... Dieux ! cette horrible image.
Aux excès les plus grands peut porter mon courage.

O R P H A N I S.

Que dites-vous ? ô Ciel ! le trouble où je vous voi,
Vos fureurs, nos dangers, tout me glace d'effroi.
Il est d'affreux momens où la vertu s'oublie.
Ne vous attendez pas que je le justifie.
Il en veut à nos jours, il vous ravit ma foi ;
Mais de ses cruautés ne punissez que moi.
On a vu des amans dans l'accès qui vous presse,
Immoler leur tyran pour venger leur maîtresse.
Leur exemple....

A R C È S.

Qui, moi ?

O R P H A N I S.

J'en frémis.

A R C È S.

Quelle horreur !

Quelle affreuse clarté jettes-tu dans mon cœur !

O R P H A N I S.

Je m'égare moi-même et ma raison tremblante
D'un reproche éternel doit sauver ton amante.
Que vais-je devenir ? Je n'ai donc aujourd'hui
Que la mort pour espoir, ou ton bras pour appui.

A R C È S.

Je ne sais que résoudre. Extrémité cruelle !
Prêt à me décider mon courage chancelle.

Quoi! je n'ai qu'à choisir son trépas ou le tien.
Que dois-je faire, ô Dieux?

ORPHANIS.

                        Quittons cet entretien.
Entre ces deux partis quand ton âme balance,
Je vois trop que la mort est ma seule espérance.
Puisqu'il n'est qu'un moyen de t'unir avec moi,
Laisse-moi fuir ces lieux, et mourir loin de toi.
Où vais-je?...... Si je fuis, le tyran plein de joie
Avec avidité va resaisir sa proie,
Et poursuivant le cours de ses projets affreux
Il peut dans sa fureur nous immoler tous deux.
Eh bien! remplis mes vœux, et si je te suis chère
Ose par un seul coup terminer ma misère.

ARCÈS.

Comment?

ORPHANIS.

          Il m'est plus doux de mourir de ta main.
(Lui remettant un poignard, et lui présentant son sein.)
Arme-toi de ce fer; frappe: voici mon sein.

ARCÈS, *(lui arrachant le poignard.)*

Orphanis! ah! grand Dieu! qu'oses-tu me prescrire?
Je sens que je succombe : à peine je respire......
Non, tu ne mourras point. Je verrais sans trembler
De la terre sous moi les voûtes s'écrouler;
Mais m'offrir de ta mort une image sanglante,
De toutes les horreurs c'est la plus accablante.....
Eh! puisqu'il faut choisir, rien ne peut m'arrêter.
Tu m'as montré l'écueil; c'est m'y précipiter.

Ó R P H A N I S.

Adieu : le Roi bientôt en ces lieux se doit rendre ;
Il serait dangereux qu'il nous y vînt surprendre.
Il faut nous séparer ; mais sur tout songe bien
Qu'Orphanis attend tout.,.... et ne commande rien.
Tu connais nos dangers. Consulte , délibère :
Décide-toi ; choisis : vois ce que tu dois faire.
Si , trahissant mes feux, tu peux vivre sans moi ,
J'aurai la fermeté de m'immoler pour toi.
Adieu.

S C È N E   I I.

ARCÈS, seul , regardant sortir Orphanis, et après
un moment de silence.

Dans quélle horreur la cruelle me laisse !
A quelle épreuve, ô Dieux ! mettez-vous ma faiblesse !
Et j'ai pu soutenir ce fatal entretien !
Qu'ai-je promis, grands Dieux !... Non, je ne promis rien.
De ce projet sanglant l'horreur me persécute,
Et la nécessité veut que je l'exécute.
Ce bras que la vengeance et l'amour ont armé,
Hélas ! au meurtre encor n'est pas accoutumé......
Que dis-tu, lâche amant ? d'une ame indifférente
Vois donc dans les tourmens ta maîtresse expirante.
Quoi ! tu peux d'un seul coup prévenir son trépas,
l'arracher au supplice...... et tu ne l'oses pas !

Attends-tu qu'un tyran l'immole ou nous sépare ?
Frappe : il t'a trop appris à devenir barbare.
C'est un crime, n'importe : il faut qu'il soit commis.
Frappons. Qui me retient ?...... D'où vient que je frémis ?
Dans le fond de mon cœur déjà je crois entendre
De ce faible vieillard la voix plaintive et tendre.
Je crois le voir tomber sous mes coups inhumains ,
M'implorer et mourir en me tendant les mains.
Quoi ! je suis innocent et le remords m'accable !
Que sera-ce, grands Dieux ! si je deviens coupable ?
Non, je ne ferai rien qui souille ma vertu.
De remords trop cuisans mon cœur est combattu.
On vient...... Ciel ! quel objet vois-je marcher dans l'ombre ?
Qui vient chercher la mort dans ce lieu triste et sombre ?

SCÈNE III.

ARCÈS, ISSA.

ISSA.

Ah ! Seigneur, du conseil j'ai vu le Roi sortir.

ARCÈS.

Qu'entends-je ? c'est Issa.

ISSA.

Je viens vous avertir
De quel prix sa fureur va payer vos services.
Tout retentit des mots d'exil et de supplices.
La tremblante Orphanis qui frémit pour vos jours ,
En vain de vos amis implore le secours.

Policlète auprès d'elle a fait ranger sa garde.
Je ne puis, sans horreur, voir le sort qu'on lui garde.
C'en est fait, et ce bruit est partout répandu,
Orphanis va périr et vous êtes perdu.

SCÈNE IV.

ARCÈS, seul.

ORPHANIS périrait ! ce mot seul me décide ;
Et sans être effrayé du nom de parricide,
Frappons : c'est toi, tyran, qui fis tous mes malheurs ;
Tantôt sans être ému tu vis couler mes pleurs ;
C'est donc pour te fléchir du sang qu'il faut répandre.
Eh bien ! de ce poignard mon destin va dépendre.
O nuit ! lugubre nuit, seconde ma fureur.
Viens sur ces lieux sanglans répandre la terreur.
Cache-moi dans l'horreur des profondes ténèbres :
Que ton silence affreux, que tes ombres funèbres
Enhardissent mon bras et ma timidité !
Ma faiblesse a besoin de ton obscurité.

SCÈNE V.

SÉSOSTRIS, ARCÈS.

SÉSOSTRIS, *(dans le fond du théâtre.)*
DIEUX ! ménagez ce cœur trop sensible et trop tendre.

ARCÈS.

Quelle voix lamentable ici se fait entendre !

S É S O S T R I S.

Grands Dieux !

A R C È S, *levant le poignard.*

C'est le tyran.... avançons.... je ne puis.

S É S O S T R I S.

Ne m'abandonnez pas dans le trouble où je suis.
Des piéges qu'on lui tend préservez sa jeunesse.

A R C È S.

Que dit-il ? écoutons.

S É S O S T R I S.

D'une fatale ivresse
Écartez loin de lui le charme empoisonneur.
Mon cœur, vous le savez, ne veut que son bonheur.
Qu'il connaisse les maux où sa fougue l'expose,
Et n'éprouve jamais les chagrins qu'il me cause !
Daignez enfin le rendre à ma tendresse...... Et toi,
Arcès, mon cher Arcès, que fais-tu loin de moi ?

A R C È S.

Où suis-je ! malheureux ?.... Grands Dieux ! que dois-je faire?

S É S O S T R I S.

Est-ce toi que j'entends, ô mon fils ?

A R C È S, *jetant le poignard, et tombant aux pieds
de Sésostris.*

O mon père !
Vous voyez des mortels le plus infortuné !
Pour être criminel, Arcès n'était pas né.
Ah ! vous ne savez pas combien j'étais barbare.

SÉSOSTRIS.

De tes sens égarés quel désordre s'empare !

ARCÈS.

Pour mon cœur, il n'est plus de repos, de vertu.
Hélas ! j'ai tout trahi.

SÉSOSTRIS.

Malheureux ! que dis-tu ?

ARCÈS.

Connaissez de ce cœur l'ingratitude affreuse ;
Tandis que vers le Ciel votre voix généreuse
S'élevait pour me plaindre et pour me pardonner,
Votre fils n'aspirait qu'à vous assassiner.

SÉSOSTRIS.

Qui, toi ? m'assassiner ! Dieux ! que viens-je d'entendre,
(Regardant Arcès de l'air le plus touchant.)
Hélas ! de tes amis tu perdais le plus tendre.
Ingrat, à mon amour quel prix réservais-tu ?

ARCÈS.

Grands Dieux ! que l'homme est faible, et qu'il faut de vertu
Pour dompter un penchant qui nous entraîne au crime !
Hélas ! je me suis vu sur le bord de l'abîme.
N'imputez mon forfait qu'à l'excès de mes feux.
Sans ce fatal amour j'eusse été vertueux.
Oui, j'abjure à jamais cette faiblesse extrême......
Quoi ! je n'ai point tourné ce fer contre moi-même !

Que dis-je ? vengez-vous : ordonnez mon trépas ;
Mais en me condamnant ne me haïssez pas.
Accordez-moi, pour prix de mon remords sincère,
Le plaisir, en mourant, de vous nommer mon père.

SÉSOSTRIS.

Le repentir suffit pour désarmer les Dieux ;
Et je ne serai pas plus inflexible qu'eux.
Mon fils, que pour jamais cette faute t'éclaire !
Entraîné par l'erreur d'un charme involontaire,
Eh ! quel cœur peut ne pas quelquefois s'égarer ?
La gloire est de le vaincre et non de l'ignorer.
Je t'aimai sans faiblesse ; et ce triomphe insigne
De ma tendre amitié te rend encor plus digne.

ARCÈS.

Si vous m'aimez encor mon sort est moins affreux.
Je ne méritais pas un Roi si généreux.

SCÈNE VI ET DERNIÈRE.

ORPHANIS, ARCÈS, SÉSOSTRIS, GARDES.

ORPHANIS.

Cœur ingrat, j'ai prévu ta faiblesse perfide.
Tu te crois vertueux, et tu n'es que timide.
Triomphe, indigne amant. Monte au trône sans moi.
Je renonce aux grandeurs, à ton amour, à toi.

Règne seul. Mais apprends d'une femme intrépide
Comment dans les revers un grand cœur se décide.

(Après une pause , à Sésostris.)

Tu peux lui pardonner : ce fut moi dont la main
Conduisit sans pitié le poignard dans ton sein.
Mais son amour pour toi trompa mon artifice :

(Elle se tue.)

C'est moi qui fis le crime...... et voilà le supplice.
Trône, objet de mes vœux, délices des grands cœurs,
Je n'en voulais qu'à toi : tu m'échappes...... je meurs.

FIN DU CINQUIÈME ET DERNIER ACTE.

LETTRE

AUX AUTEURS DU JOURNAL DE PARIS.

Le 21 Novembre 1780.

Je n'ai, Messieurs, que des grâces à vous rendre, pour l'indulgence avec laquelle vous avez bien voulu juger la Tragédie d'Orphanis, lorsqu'au mois de Septembre dernier elle fut remise au théâtre. (*) Votre suffrage, et l'accueil flatteur dont le Public a toujours honoré cet essai, doivent me faire oublier la mauvaise foi de mes censeurs, et les manœuvres odieuses qu'on s'est permises pour étouffer cet ouvrage, et pour indisposer contre moi une partie des spectateurs. Je m'applaudis donc d'avoir opposé le silence à mes détracteurs ; et j'ai vu avec plaisir que, de ce que je n'ai rien répondu, les gens sensés n'ont pas inféré que je n'avais rien à répondre.

La Tragédie d'Orphanis est sans doute une des moindres productions dramatiques que le Public ait accueillies. J'en sens mieux que personne les imperfections ; et je dois me féliciter de la mal-adresse de mes ennemis à me supposer des défauts, lorsqu'ils en avaient tant de réels à faire remarquer. Quoi qu'il en soit, j'ai cru que dans un siècle où, sans parler du crime de la *Lescombat* (**), on pourrait citer quelques exemples des égaremens de la faiblesse, qui, pour n'être pas aussi criminels, n'en sont pas moins préjudiciables aux mœurs et à l'honneur des familles ; j'ai cru, dis-je, qu'en exposant sur la scène aux regards d'une jeunesse fougueuse et sans expérience, les dangers des séductions d'une femme adroite et perfide, c'était lui offrir une grande et utile leçon. Personne avant moi,

---

(*) Cette Tragédie, depuis sa nouveauté, a été reprise passagèrement à Paris, le 11 Mai 1776 ; le 18 Septembre 1780 ; à Versailles le 28 Novembre suivant ; ensuite à Paris le 21 Août 1781, et enfin le 10 Mai 1788. C'est à cette dernière représentation que le Public a fait, aux troubles du Parlement, l'application du vers suivant, imprimé depuis long-tems : *Ce Palais est partout de gardes entouré*, 1re Scène du 5e Acte ; et depuis il n'a pas été permis de la redonner.

(**) Femme renommée par sa beauté et par sa scélératesse, qui, à force de séductions, est parvenue à faire assassiner son mari par son amant, jeune homme dont la conduite jusqu'alors avait été irréprochable. L'amant et la maîtresse ont péri par les supplices.

j'ose le dire, n'avait encore présenté au théâtre français la passion terrible de l'amour sous ce point de vue ; et certainement le but moral d'un ouvrage dramatique ne doit pas être une chose indifférente aux regards du vrai philosophe et de l'homme d'État. J'ai cru que le retour du jeune Arcès à la vertu, et les remords qu'il éprouve aux pieds de Sésostris, effaceraient l'impression du tableau terrible qui a précédé ; et les applaudissemens, j'ose même dire, les larmes de cette classe impartiale de vrais connaisseurs, qui ne se laissent point entraîner par des préventions étrangères, qui ne prononcent que d'après un mûr examen, et dont le suffrage subjugue à la longue les jugemens erronés de la multitude, m'ont convaincu que je ne me suis pas entièrement trompé dans l'exécution. Aussi, content de l'approbation de pareils juges, je n'ai pas la folle et ridicule prétention de vouloir réunir tous les suffrages. Le reste sera l'ouvrage du tems ; et je me borne à dire avec l'illustre auteur de Zaïre :

> Or il paraît indubitable
> Que pour former œuvre parfait,
> Il faudrait se donner au diable,
> Et c'est ce que je n'ai pas fait.

Mais parmi les moyens qu'on a choisis pour m'aliéner la partie la plus intéressante des spectateurs, il en est un qui me touche sensiblement, et que je ne puis me dispenser de combattre, tout absurde qu'il est. Il me revient de tous côtés qu'on s'efforce dans les sociétés de persuader aux femmes que mon projet, en traçant le caractère d'ORPHANIS, a été de les peindre toutes sans exception. On leur laisse ignorer que c'est pour elles que j'ai adouci, ennobli le caractère atroce de la Milvoud anglaise, et que c'est encore pour elles que j'ai sauvé toute l'horreur du sujet en ne consommant pas le meurtre. On se garde bien de leur rappeler que dans tous mes autres écrits, dans les Héroïdes de Gabrielle d'Estrées, de la Vallière, de Sapho, de Biblis, dans le Drame de Joachim, dans la Requête des filles de Salency, j'ai toujours représenté ce sexe intéressant comme la victime de sa crédulité, de sa douceur, de sa vertu, de sa sensibilité. En peignant la perversité d'ORPHANIS, je m'étais persuadé que les femmes me devaient savoir gré d'avoir ainsi marqué, par des couleurs tranchantes, la différence qui se trouve entre les séductions intéressées de la corruption, et les sacrifices généreux de la vertu, et qu'un pareil tableau était un nouvel hommage pour elles. La peinture du vice est un éloge indirect de la vertu.

Enfin, si tous les hommes qui assistent aux représentations de la Tragédie de Britannicus, ne se croient pas des Narcisses et des Nérons, j'ose espérer que les femmes honnêtes et sensibles ne se reconnaîtront pas plus dans ORPHANIS qu'elles ne se sont reconnues dans Agrippine, dans Phèdre, dans Cléopâtre, dans Médée, dans Hermione, etc. Mes ennemis n'ont pas fait attention qu'on s'est servi à peu près des mêmes moyens pour dénigrer les chefs-d'œuvre de Molière, lorsqu'il donna l'Avare, le Tartuffe, le Misantrope ; c'est assurément une distinction dont je ne me plains que parce que j'avoue ne la pas mériter. Je me flatte donc que ce sexe, dont j'ai toujours été l'adorateur, ne se laissera pas prendre à des insinuations aussi peu flatteuses pour lui. Si j'ai quelques vœux à former, c'est pour que celles qui ont le malheur de se reconnaître dans ORPHANIS, s'il y en a, soient les seules qui s'abstiennent de voir cette Tragédie, et j'oublierai bien volontiers les autres ressorts qu'on fait jouer pour m'écarter de la carrière et pour me la fermer.

J'ai l'honneur d'être, etc.

BLINDESAINMORE.

PARMI tous les éloges qui m'ont été adressés par des personnages distingués dans les lettres, et même par dès étrangers, à l'occasion de la Tragédie d'ORPHANIS, qu'il me soit permis d'opposer à mes détracteurs le suffrage infiniment honorable, mais sans doute beaucoup trop flatteur, d'un Poëte célébre, (*) qui, par ses talens et par son caractère, a honoré les dignités dont il a été revêtu, et les grandes places qu'il a occupées.

(*) En parlant de lui, Voltaire m'écrivait : »Vous me paraissez être fort attaché » à M. le cardinal de Bernis. J'en suis enchanté. Il serait à souhaiter qu'il se mît à » la tête des lettres. C'EST BIEN DOMMAGE QU'IL SOIT CARDINAL ET ARCHEVÊQUE. »

RÉPONSE

Du Cardinal de BERNIS, à qui un exemplaire de la Tragédie d'ORPHANIS avait été envoyé.

Rome, le 1er Mars 1774.

J'AI reçu, Monsieur, avec bien de la reconnaissance, l'exemplaire de votre Tragédie d'ORPHANIS que vous avez bien voulu m'envoyer. Je l'ai lu avec tout l'intérêt que m'ont inspiré depuis long-tems vos talens et votre personne. J'en ai admiré les caractères, la conduite et la versification. Elle suppose une grande connaissance du théâtre et du cœur humain. Je ne suis point étonné du succès qu'elle a obtenu. J'ai lu peu d'ouvrages modernes qui m'aient fait autant de plaisir. Je vous remercie du moment agréable que vous m'avez procuré. Vos premiers essais m'avaient fait concevoir l'espérance de vous voir bientôt occuper une des places les plus distinguées dans les lettres, et vous réalisez aujourd'hui ce que j'ai prévu. Continuez à honorer les lettres et l'humanité par vos écrits et par votre conduite, et vous acquerrez de plus en plus le suffrage des connaisseurs et l'estime des gens de bien. Ne doutez pas, Monsieur, du fidèle attachement avec lequel je vous suis dévoué plus que personne.

Signé, Le Card. DE BERNIS.

www.ingramcontent.com/pod-product-compliance
Lightning Source LLC
LaVergne TN
LVHW021456170726
843501LV00005B/1686